U0522094

库存可视化
放大流动价值

黄日星 徐回生 陆久刚 著

中国科学技术出版社
·北京·

图书在版编目（CIP）数据

库存可视化：放大流动价值 / 黄日星，徐回生，陆久刚著. —北京：中国科学技术出版社，2021.8
ISBN 978-7-5046-9042-5

Ⅰ. ①库… Ⅱ. ①黄… ②徐… ③陆… Ⅲ. ①库存—创库管理 Ⅳ. ① F253.4

中国版本图书馆 CIP 数据核字（2021）第 079673 号

策划编辑	杜凡如
责任编辑	杜凡如
封面设计	马筱琨
版式设计	锋尚设计
责任校对	吕传新
责任印制	李晓霖

出 版	中国科学技术出版社
发 行	中国科学技术出版社有限公司发行部
地 址	北京市海淀区中关村南大街 16 号
邮 编	100081
发行电话	010-62173865
传 真	010-62173081
网 址	http://www.cspbooks.com.cn

开 本	880mm×1230mm 1/32
字 数	130 千字
印 张	6.625
版 次	2021 年 8 月第 1 版
印 次	2021 年 8 月第 1 次印刷
印 刷	北京盛通印刷股份有限公司
书 号	ISBN 978-7-5046-9042-5 / F·929
定 价	59.00 元

（凡购买本社图书，如有缺页、倒页、脱页者，本社发行部负责调换）

缔造企业组织力

中国企业在取得长足发展的同时也迎来了新的挑战期。除了商业模式的创新，企业还要重视技术、产品、服务和市场方面的创新。然而，最重要的基础课题是提高核心业务流程的有效性，在这方面，中国企业需要进一步钻研。

这对企业运用工业工程、价值工程、统计技术和信息技术，作为组织实现损失最小化和效率最大化的能力提出了要求。

技术和制造是营销的一部分，市场营销是从产品—服务的开发到销售的全过程，也就是经营本身。经营的本质是提高企业的流动性。

建立营销—研发—生产一体化的产品开发机制，实现客户轴、产品轴和供应链轴三轴联动是很重要的。

营销必须标准化，营销务必标准化。东京大学藤本隆宏教授说："通过强化内在竞争力，实现强大的外在竞争力，从而在价格竞争市场中创造非价格竞争力。"我认为这不是理论观点，而是具体的经营手法。

零牌顾问机构基于缔造企业组织力的需要，推出面向企业家、职业经理人和新时代员工的"零牌管理书系"，我借此机会向大家推荐这一系列书籍。

木元哲

松下（中国）前总裁

中国企业进入了文化引领未来、战略驱动发展和人才赋能组织的新时代。

零牌顾问机构深入企业经营一线、融入客户团队，是实战派、落地型咨询公司，其出版的管理书系为企业高质量发展提供助力。唐人神集团与零牌顾问机构战略合作，继续为中国大农业做贡献。

陶一山

唐人神集团创始人、董事长

新冠疫情来袭迫使企业不同程度上按下暂停键。如何穿越危机，强健体质，提高组织免疫力是企业经营者共同关注的主题。

祖林老师及零牌顾问机构团队长期深耕中国制造企业，以智力兴企、产业报国为使命，探讨企业如何化危为机、迈向长寿企业之道，值得我们深入学习。

欧阳桃花

北京航空航天大学经管学院教授、博士生导师，经营学博士

企业在不同发展阶段面临不同的挑战甚至危机，战战兢兢、如履薄冰，主动推动组织变革，在持续创业、接力经营中不断提高企业的成熟度，修炼组织智慧，这条路永无止境。

零牌顾问机构20年市场历练，以国际视野和专业能力为不同行业、

不同地域和不同发展阶段的企业提供智囊服务，是企业值得信赖的战略伙伴，零牌管理书系承载了他们的实践智慧和价值分享，值得品读。

刘永刚
江苏省建筑科学研究院有限公司副董事长、院长

在哈尔滨中央红集团，我们特别推崇一个"钻"字。钻是一种专注，钻是一种执着，钻是一种深入。我们每个人都在学习中成长，在钻研中成才，在积累中提升。喜欢钻研的人不只有钻劲儿，他们大多都会用勤奋来为自己正名。祖林老师及零牌顾问机构团队就是这样一批爱"钻"又勤奋的人。

这套零牌管理书系，既是他们长期耕耘于企业管理咨询一线的辛勤成果，也是中国企业这些年飞速成长的精彩缩影。

我推荐大家一起来阅读，一起来做"有灵魂"的企业，做有"生命力"的企业。

栾　芳
哈尔滨中央红集团股份有限公司董事长

我特别推荐祖林老师的著作《危机应激：升级企业免疫力》。这本书里有句话说得特别好："抓住正在涌来的战略机遇，建立新的肌体免疫力。"面对新冠疫情，品胜的经营目标不仅没有受到大的影响，反而实现

了增长。这种"免疫力"的建立，一方面是因为品胜是一家特别愿意去"折腾"的企业，愿意主动去迎接变革，另一方面是因为品胜抓住了产业互联网的战略机遇，开启了PISEN MORE生态战略，找到了全新的增长极。

我们现在的梦想是"把华强北装进品胜"，希望把中国的3C数码行业装进品胜。在此，也祝愿零牌未来能把更多的优质管理创新思维"装进"企业家的头脑里，帮助更多的中国企业渡过危机，实现可持续经营，创造出越来越多健康长寿的中国企业。

赵国成

品胜股份董事长

当前，疫情及其"后遗症"破坏了不少行业很多企业原有的发展路径。行业与市场是触底或是攀升成为企业最关心的课题，企业家该如何精准定位当前经济形势？如何解码企业增长新路径？这套零牌管理书系宛如黑夜里的明灯，为砥砺前行中的企业指引了方向。

这套书的创作历程，就像登山的过程，都是在打造"自我韧劲"，也是被"自我韧劲"所引领。这种韧劲无声，却如光与火，让我们在面对困难或者逆境时能有效应对和适应，在压力的威胁下能够顽强持久、坚韧不拔，在挫折后能成长和新生！

谨以华耐家居所信奉并坚持的八个字"征无止境，勇于攀登"，祝愿本套书系畅销！

李　琦

蚁安居董事长、华耐家居副董事长

从硬性技术到软性技巧，从扎实的理论基础到丰富的实战经验，从西方管理科学的量化与严谨到东方管理哲学的睿智和圆通，零牌顾问机构把挂在墙上、印在书上、传播在手机上的一场场成功的企业变革摘下来，落地成行之有效的方法，从创新管理和创新产品两个方面以双轮驱动的方式助力企业自身的可持续发展，把企业体内的衰老因子赶出去，焕活企业、再造企业。

就像零牌顾问机构一直秉持的"智力兴企、产业报国"，其出版的零牌管理书系不仅是"中国经管类口袋书"，更是企业的第三只眼睛、第三方力量，为中国企业整合全球资源，提供源源不断的管理方法，实现企业核心力量的实效落地、实务发展。

谢　坚
红星美凯龙家居集团总裁兼装修产业集团CEO

序

企业经营进入流动性时代

徐回生
2021 年 2 月

我们知道，企业的生产和发展离不开客户的持续支持，所以为了满足客户的需求，提高客户的满意度和黏性，企业需要真正将改善客户服务作为最优先考虑的问题，将"一切为了客户，一切为了交付"落到实处。因此，企业经营需要在销、研、产构成的运营层面抓现金流，其目的就是在变化的市场环境、变化的客户需求中，通过应对变化获取业务机会，加速资金流动，创造资金增值。

"企业如何创造利润"一直是企业经营不能回避的问题，实际上，企业从接单到订单完成，交付直至收回货款，通过投入材料、人工、水电气能源等，使投入的资金创造更多的资金回报，在这一过程中，企业通过资金的流动性获取了增值收益。

对于企业来说，资金增值能力与资金流动速度是直接相关的，在企业毛利率不变的情况下，如果能够把交货周期缩短，企业的盈利能力会得到显著的提升。

我们举个例子，假设一家企业投入500万元的资金，完成了600万元的销售订单，如果这家企业的交货周期是30天，也就意味着这500万元流动资金在一个月内只能滚动一次，创造增值收益100万元，资金增值比率为20%；如果企业通过对订单执行流程进行优化改善，将交货周期由30天缩短到15天，假设企业的毛利率仍然保持16.67%，那么，同样的500万元流动资金在一个月就可以滚动两次（一年就可以滚动24次），创造增值收益200万元，资金增值比率为20%×2。

由以上案例我们可以看出，交货周期就是企业资金流动速度最直接的经营指标：交货周期越短，说明企业资金流动速度越快，资金增值能力越强，反之亦然。哪怕是利润率低一点，只要交货和回款周期足够短，快速的现金流动也可以为企业创造客观的经济收益。所以，企业要非常重视资金流速度，只有持续不断地缩短交货周期、满足客户需要，才能持续提高企业的盈利能力，进而达到通过资金的流动获取更多增值收益的目的。

在企业运营的过程中，流动资金是以订单执行流程中不同阶段的产品形态来呈现的，它包括：外购的原材料、辅助材料、零部件，以及生产过程中的半成品（在制品）和最终的完成品等。所以，既然资金流动速度很重要，那么加速订单执行过程中的各种产品形态的快速流动就是企业运营管理的重心，这些各种形态的物品一旦处于等待、停滞、库存的状态,就意味着流动停滞,停止了流动即意味着停止了增值——这些"物"是用钱买回来的,库存意味着停止了将"物"转化为"钱",而不动的"物"又有贬值、损耗、被盗等风险。

要改善企业流动性,就要想尽一切办法消除订单执行过程中的等待、停滞、库存等现象,竭尽全力消除这些浪费:如原材料库存多,就要想办法优化供应渠道,缩短采购周期,满足同样的产量也就不需要那么早、那么多的提早采购了。如何改善这些问题就是精益生产的重点内容。近些年,随着精益改善的推进和实施,越来越多的企业中高层管理人员都认识到,减少库存可以加速企业的现金流,进而增加企业的收益,但大部分的管理人员也仅仅只是认识到这些而已,实际上,大部分企业通过直接控制而有效减少的库存率为20%~30%。精益改善比较积极的企业,也在积极地尝试通过持续的大幅度降低库存水平来暴露企业管理过程中存在的问题,然后通过解决相关的问题,逐步建立减少库存并能够持续维持运转的管理机制。

为了更有效地加速企业产品的周转,我们需要关注产品流动,即我们常常提及的"物流"。我们看得到的产品流动主要表现在订单执行的流程中,这些流程包括:供应商给企业送货、企业内部从仓库到生产线配送物料、生产线上的物料流动,还有成品入仓、发货、运输给客户等。

订单执行流程是企业管理的核心业务流程之一,它从客户当中来、到客户当中去。聚焦于核心业务流程,可以帮助企业围绕客户的需求，把经营和管理的重心放在改善企业的流动性上，以提高经济效益。

从前面的分析中我们知道，要加速资金流动，提高资金增值收益，一定要提高企业物流速度。企业都希望自己的生产流程是顺畅的，并能够在正常的生产过程中实现真正的"物流"，而不是"物留"。

为了让读者更好地理解如何通过库存的动态数据管理，使库存有效服务于企业，提高客户服务质量，降低运营成本以及改善企业资金流，笔者将通过系统梳理和分析企业的库存可视化及动态管理，阐述如何建立有效的库存规划与控制体系，以及如何通过改善库存管理来有效地帮助企业做运营管理的决策，以满足企业加速产品周转、加速资金流动、提高资金增值收益的需要。

最后，我们热切期待本书能够为中国企业的成长和发展尽一份心力。

前言

削减在库，实现产品快速流动

为了适应社会变化，企业不仅要感知和洞察其外部的变化，更需要根据企业发展的需要，构建支撑其流程、组织和运营的机制，包括应对变化的机制。为了能够不断对客户的需求做出迅速的反应，企业需要持续不断地强化应对变化的机制，在这个过程中，有效的库存管理系统不仅可以帮助企业削减库存、降低资金占用，而且可以帮助企业为客户在需要的时间和地点，提供必要的物品，进而提高为客户服务的水平。当然，通过库存管理来适应市场环境不断变化并不是很容易的事情，它需要企业根据实际需要，不断地调整库存的形式、产品的种类和数量，甚至于改变企业的功能区域布局等，以此对市场环境变化做出最合理有效的反应。

随着精益生产的发展，越来越多的企业认识到库存周转对企业发展的战略作用，而库存的管理也从企业运营层面提高到了战略高度，库存周转的衡量和管理也被用来服务于整个制造过程和整个价值流的改造。

对于制造企业来说，在满足客户需求的过程中，管理的目标应该是实现对内的生产组织和对外的产品供应这两个方面的统一。本书站在企业经营的高度分享库存管理的重要作用，系统分析介绍如何通过合理的管理运作在保障产品供应的同时，降低企业的运营成本，以有效帮助企业做运营管理的决策，进而协助企业打通供应链，对客户的需求做到瞬时响应。

我们知道，企业的运作系统具备较高的预见性反应，可以助力改善客户服务水平。本书的第一章，围绕企业满足客户的需求，实现订单交付这一目的，介绍如何通过建立完善企业的销售规划和预测管理，实现交付系统的规范化管理，进而建立企业的S-P-I系统，构建企业销售-生产-库存管理的联动系统，进而实现企业的生产运作系统能够根据市场的变化和订单需求，及时调整生产和控制库存，提升生产系统的市场应对力和应变弹性，最终实现产品周转周期加速，减少企业库存，加速企业的资金流动。

对精益生产非常了解的人都比较清楚，精益的核心在于流动，而必要的库存是流动的基础，它可以帮助企业抵消预期缺货成本，实现有效交付。但是库存是有成本的，如果不能有效规划，则会造成库存积压，严重影响企业的现金流，甚至会侵蚀经营利润。所以，如何动态、合理地规划库存，对企业经营至关重要。本书的第二章重点介绍如何进行有效的库存规划和控制,从满足预期需求、平滑生产、缓冲线不平衡、降低批量订货成本和预见性采购分析库存的重要作用出发,介绍企业必须要关注的库存成本,进而提出有效规划库存的要点,分别从采购分析工具的有效应用、ABC库存分类法以及流程断点的库存规划与控制等方面介绍如何进行合理的过程库存管理和控制。

本书的第三章和第四章的主要内容是库存可视化管理和库存有效性分析。库存可视化管理服务于企业的经营,帮助企业进行实物流、信息流和资金流的有效管理。企业运营中的资金流动越快,企业的经营效益就越好。企业一般用投资回报率(ROI,Return on Investment)指标来表示企业经营的好坏。该指标是指通过投资而应返回的价值,即企业从一项投资活动中得到的经济回报。库存的可视化管理要建立在服务于投资回报率的基础之上,建立了以投资回报率为核心的库存可视化仪表盘,就能够更高效、准确地进行库存有效性分析,我们就更容易看清各环节的库存状态以及各维度的库存管理绩效水平,以实现通过库存的有效管理来随时监控经营状况,及时发现波动、发现难点、发现浪费,从而立即消除波动、消除难点、消除浪费,达到客户满意的服务水平,提升企业的经营效益。

库存管理能够帮助企业提高客户服务质量,降低运营成本以及改善企业资金流,但是,只有流动起来的库存才能起到真正的作用。在面对大幅度地减少库存之后暴露出来的生产运营管理过程中的问题时,有相当一部分企业不知道该通过什么方式才能有效地加以解决，也不太清楚如何建立减少库存并能够持续维持运转的管理机制。当市场多样化、个性化的需求占主流趋势时，企业面临的库存压力变大，可能会严重影响企业的生产运作，因此，库存的削减改善已成为企业不得不面对的紧迫课题。本书的第五章从全局的角度出发，帮助企业梳理库存管理过程中存在的问题，分别从提高产能弹性、改善产能平衡以及建设精益供应链的角度突破实现零库存的难题。

在本书创作过程中，零牌顾问机构的技术导师祖林老师给予了极大的技术指导和支持，零牌顾问机构多位资深企业咨询管理顾问老师也给予了专业支持和帮助。另外，本书在部分内容上也引用了零牌顾问机构服务过的客户项目案例，在此感谢各位老师和相关项目客户的信任和支持。

鉴于时间和个人水平有限，本书尚有不足之处，欢迎各位读者和同行批评指正。

作者

2021年2月

目录

第一章 ———————————————————————— / 001

销售规划与预测管理

一、一切为了客户，一切为了交付 / 002

二、销售规划与生产系统运作 / 006

三、销售需求预测管理的价值 / 010

四、需求预测的重要作用 / 016

五、需求预测的分类及应用 / 017

六、预测的方法：定性与定量预测方法 / 020

七、销售预测的实施步骤 / 027

八、如何进行销售预测准确性管理 / 031

九、基于销售预测的 SPI 可视化管理 / 037

第二章 ———————————————————————— / 041

有效库存规划

一、用动态变化的库存规划实现有效交付 / 042

二、抵消预期缺货成本是库存的重要作用 / 044

三、企业必须要关注的库存成本 / 050

四、进行有效库存规划的要点 / 052

五、采购分析工具在库存规划中的指导作用 / 058

六、ABC 法在库存规划中的运用 / 061

七、有效排产管理与库存规划 / 064

八、线平衡分析与瓶颈工序库存规划与控制 / 068

九、流程断点库存规划与控制 / 071

十、库存管理中的信息失真及其对策 / 073

第三章 库存实时可视化 / 077

一、库存可视化的仪表盘设计 / 078

二、从根源上了解库存产生的原因 / 081

三、系统梳理库存的结构 / 088

四、明确有效地界定库存管理状态 / 091

五、现场库存整理整顿及目视化管理 / 096

六、库存管理绩效衡量的常用指标 / 102

七、库存信息实时统计与信息化建设 / 106

八、库存管理的绩效衡量与可视化 / 113

第四章 库存有效性分析 / 117

一、库存可视化的驾驶舱设计 / 118

二、如何进行现状库存的有效性分析 / 119

三、全流程价值流分析，盘点在库分布 / 124

四、成品库存现状及管理有效性分析 / 130

五、在制品库存现状及管理有效性分析 / 137

六、零部件库存现状及管理有效性分析 / 141

七、关注库存的变化，掌握可控制的变化趋势 / 146

第五章 库存问题发现与零库存突破 / 155

一、基于库存的流动性驾驶决策 / 156

二、库存现状问题发现与改善课题识别 / 162

三、在库削减课题启动与实施 / 168

四、挑战零库存：提高产能弹性，降低成品库存 / 172

五、挑战零库存：改善产能平衡，降低在制品库存 / 178
六、挑战零库存：建设精益供应链，降低零部件库存 / 184
七、挑战零库存：创造连续价值流，降低全流程库存 / 190

第一章

销售规划与预测管理

一、一切为了客户,一切为了交付

企业存在的目的是满足客户需求,实现订单交付,为了实现这一目标,企业需要对交付系统进行规范化管理,它包括以下几个方面(图1-1)。

将**改善客户服务**作为最优先考虑的问题

```
           ┌──────┬──────┬──────┐
        需求管理 预测与补货 订单管理 客户服务
```

☆ 提高产品可获得性
☆ 按单准时送货
☆ 及时准确的物流信息
☆ 整体响应需求
☆ 售后服务支持

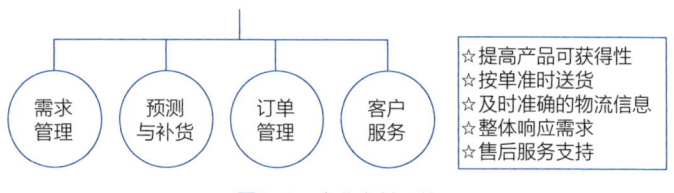

图1-1 企业交付系统

(一)需求管理

需求管理要求以客户为中心,以客户的需求为出发点,制定企业的生产决策,是达到满足客户对产品需求的一种活动。良好的需求管理,可以在满足客户需求的基础上,实现企业资源的最大化效应。

（二）预测与补货

预测是对客户未来需求的一种预判管理，有效的预测可以帮助企业确定未来市场对企业产品的需求，制定合理的销售策略，进行产品优化规划和企业内部的资源合理配置，同时还可以帮助企业进行协调生产，并进行合理的库存规划，提前做好补货安排，从而降低企业因缺货带来的损失。

（三）订单管理

完善的订单管理系统，可以帮助企业减少因市场对订单需求的波动性和不稳定性带来的生产不均衡而造成企业的各种浪费损失。

（四）客户服务

良好的客户服务可以带来较高的客户满意度，客户服务从接单那一刻开始，直到订单交付完成，当然售后服务的支持也是必不可少的。

所以，我们需要将改善客户服务作为最优先考虑的问题，那么如何改善我们的客户服务，我们可以从以下几个方面来实现：

1 提高产品可获得性

产品的可获得性高才能获得客户的关注，如果产品的可获得性比较差，或者获得成本比较高，那么客户会选择比较容易获得或者成本比较低的替代产品。

2 按单准时送货

现在已经是小批量、多品种、短交期，甚至单件定制的生产时代，所以，要准时交货、快速交货，实现足够短的交货周期才能快速满足客户的需求。因此，交期是实现客户满意的关键。

3 及时准确的物流信息

企业要实现准时化生产，需要我们的订单执行系统是可控的，所以就需要及时准确的物流信息，保证物流的及时供应，这样才能保证生产系统的稳定性，也才能真正实现准时化生产。

4 整体响应需求

敏锐感觉市场、快速应对市场需求和客户要求的变化是生产系统的应变弹性能力，企业应变弹性越高，其抓住市场机会的能力就越强。

5 售后服务支持

售后服务是售后最重要的环节。售后服务已经成为企业保持或扩大市场份额的重要因素。售后服务的优劣能影响消费者的满意程度，优质的售后服务可以算是品牌经济的产物，在市场激烈竞争的社会，随着消费者维权意识的提高和消费观念的变化，消费者们不再只关注产品本身，在同类产品的质量与性能都相似的情况下，他们更愿意选择拥有优质售后服务的公司。

企业的生产和发展离不开客户的持续支持，所以，为了提高客户的满意度和黏性，需要企业真正将改善客户服务作为最优先考虑的问题，将"一切为了客户，一切为了交付"落到实处。

二

销售规划与生产系统运作

生产的本质是实现订单交付，所以，生产系统运作的核心是订单执行。订单执行是否顺畅，生产进度是否能够有效控制，这些问题影响着销售订单是否能按期达成。如图1-2所示。

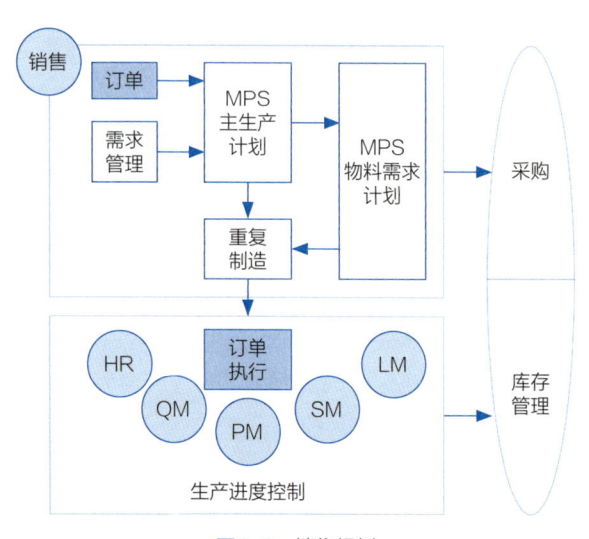

图1-2　销售规划

（一）销售规划影响生产系统运作的稳定性

生产系统运作的稳定性和均衡性，是由企业主生产计划（MPS）的波动大小来决定的，而我们知道销售订单是不稳定的，其是由市场的变化决定的，而企业的主生产计划是否合理，与企业的销售订单管理和需求管理系统是否完善有较大的关系，所以为了减少这种波动对生产的影响，企业需要进行系统的销售规划。

销售规划包括对订单或需求进行系统的管理。对于拉动式生产模式的企业来说，企业的主生产计划安排主要基于销售订单，所以，企业需要在进行销售订单和需求的分析、整合、调节后，更合理地安排出生产计划。

对推动式生产模式的企业来说，企业的主生产经营安排主要基于销售预测，根据预测的需求订单和成品库存来安排企业的主生产计划。所以推动式生产模式的企业，成品库存管理的好坏会影响成品数量积压的多少，一旦成品库存占用大量的资金，将影响企业的现金流。

当主生产计划确定之后，需要进行物料需求计划，完善的物料需求计划系统，可以保证物料供应的稳定性，有助于保证生产的安定化。当然，良好的物料需求计划，需要采购的支持和原材料库存的合理管理。

所以不管是推动式生产模式的企业，还是拉动式生产模式的企业，销售规划系统是否完善，将会关系到生产运行系统是否顺畅。

为了保证生产系统运作的安宁，企业必须做好销售规划管理。

（二）产能弹性是企业竞争力的表现

在制造企业中，生产管理部是订单执行流程的核心部门，是生产系统的"大脑"，也可以说是生产系统的"心脏"，因为市场需求的信息流通过PMC加工处理，转化成信息流、工作流，调动各部门分工配合、各司其职，带动资金流和物流，最终实现准时制交货并满足客户，使资金实现快速的流动和增值。

生产计划与物料控制的本质是通过持续的改善不断地提升生产能力和生产效率，最终提高生产系统的应变弹性，构建企业的竞争优势，所以这是一个标本兼治的过程。它包括两方面的重要职能，一方面是生产控制，也就是大家常说的PC，它的主要职能是生产计划与进度控制；另一方面是物料控制，即大家常说的MC，它的主要职能是物料计划、请购，以及物流调度、控制（坏料控制和正常进出料控制）等。

控制生产与物料的目的是实现供应与需求之间的平衡，其主要包含两方面的内容。

一方面是需求调整，一般情况下，需求调整的方式主要有：

（1）差别定价，为了实现需求高峰期与低谷期的调整。

（2）促销活动，是为了改善与客户的沟通，促进购买行为。

（3）延迟交付，在面临紧急订单需要交付的时候，企业需要考虑紧急订单的成本、销售损失，以及客户的流失成本等。

（4）创造性需求，当企业的订单需求在需求低谷期的时候，需要创造新需求。

另一方面是生产能力的调整，它包括以下几个方面：

（1）动态用工，企业根据订单的需求或对需求的预测，确定未来一段时间客户的需求量大小，以此为依据来确定招聘员工的人数。

（2）弹性出勤，在季节需求高峰期利用员工加班的形式为生产提供能力。

（3）改变用工结构，根据生产高峰需要，采用兼职工、季节工和临时工。

（4）合同转包，利用其他企业获得临时性生产能力，比如在生产成本高、质量控制难的产品时。

销售需求预测管理的价值

需求管理是指以客户为中心，以客户的需求为出发点，集中精力来预估和管理客户需求，并试图利用该信息制定生产决策，以实现客户效用最大化的一种活动。

需求管理的本质是在整个供应链中促进企业的能力——尤其是通过客户获得生产信息——来协调产品流、信息流和资金流等相关活动，所期望的结果是为客户和消费者创造更多价值。

（一）需求管理的主要内容

需求管理应当是已知系统需求的完整体现，每部分解决方案都是对总体需求一定比例的满足，甚至是充分满足。客户的需求决定了系统设计所要解决的问题和所要带来的结果。可以说，需求管理指明了系统开发所要做和必须做的每一件事，指明了所有设计应该提供的功能和必然受到的制约。

需求管理的过程，从需求获取开始贯穿于整个项目的生命周期，力图实现产品同需求的最佳结合。通过对需求管理在项目进程中实施的不同任务进行分析，我们可以看出需求管理所起的作用。

需求管理是一个动态的过程，离开了能动的、变化的系统进程而空谈需求管理，无异于纸上谈兵。

了解和管理市场需求是企业成功的重要决定因素。战略性地运用需求数据可以增强企业的成长力、资产组合、定位和投资战略。

需求管理的主要内容有：

1 收集和分析消费者的需求信息

需求管理需要首先进行的是客户需求调查，并对客户的需求进行细化，对比较复杂的客户需求需要进行建模分析，以更好地理解需求。这个阶段需要完成对需求的定义，需求定义过程中要尽可能地避免出现内容失实、遗漏、含混不清和前后描述不一致的问题。

当完成需求的定义及分析后，需要将此过程书面化，要遵循既定的规范将需求形成书面的文档，必要的时候可以邀请专家或客户一起评审确认最终的需求，尽最大努力使需求信息能够正确无误地反映客户的真实意愿。

需求确认是需求管理过程中的一种常用手段，也是需求控制的重要环节之一，确认有两个层面的意思：第一是进行系统需求调查与分析的人员与客户间的一种沟通，通过沟通对需求不一致的信息进行剔除；第二是指对于双方达成共同理解或获得客户认可的部分，双方都要进行确认。

2 识别需求链需要的伙伴

需求链管理是一套现代的商业管理策略，目的是让各贸易伙伴紧密合作，以最低的成本和最高的效率为客户带来最大的益处，所以，企业在进行需求管理时，需要识别出需求链管理上需要的伙伴。

3 将重要职能交给能最有效执行的渠道成员

由于需求链强调的是对客户需求的管理，因此它能把客户的潜在需求及时反馈给设计、生产部门，制造出使客户满意的产品。因此，整个市场运作是以客户的需求来拉动，供需协调需要各职能成员之间尽最大努力互相协调和有效执行。

4 共享客户、可获技术、物流挑战与机遇等信息

在经济全球化和现代技术支持的条件下，社会化的资源供应网络应运而生，原属于企业独占的设计、制造、运输等能力和资源都重新变成由市场提供的一种"商品"，并变得相对过剩。而客户的需求对企业而言却是短缺的，因此能不能抓住客户的心理已成为企业生死攸关的生命线。只要客户有需求，企业就要在最短的时间里调配到资源，寻求到相关的专业化企业为其设计、定制产品，并将其最终运送到客户手中。所以，如何比较有效地共享客户、可获技术、物流挑战与机遇等信息是比较重要的。

5 开发能解决客户问题的产品和服务

企业的存在是为了解决客户的问题。比如解决人们远程通信问题的有通信设备制造商（手机和通信设备）及运营商，解决吃饭问题的有餐厅，解决社会交易成本问题的有金融支付机构等，解决人们远程空间移动问题的有汽车制造商。你不仅要能够发现一个真实存在并且让客户感觉不方便的领域，而且要具备开发出能解决客户问题的产品和服务的能力。

需求管理恰如裁缝的量体裁衣，它直接关系到产品最终的成型。仅从字面出发，如果一个产品满足了客户需求，那它无疑就是成功的。需求管理的过程，从需求分析开始贯穿整个项目始终，力图实现最终产品同客户需求的最佳结合。

6 开发和实施最好的物流、运输、分销方法，以适宜的方式提供服务

如何以适宜的方式提供服务，不同的企业有不同的方式。一般来说，共有四种不同的供应链管理模式：A模式为无任何形式的集成，B模式为供应集成（与供应商之间的集成），C模式为需求集成（与客户之间的集成），D模式为同时实现供应集成和需求集成的需求链管理。

（1）制造企业由供应链管理向需求链管理发展的模式。需求链管理战略似乎是制造商采用的最好方法，因此已经或正在采用该方法的那些为数不多的企业应该坚持下去，无论什么情况，

都应增加与供应商和客户之间的集成。另外，如果这些企业处于B模式的供应集成或C模式的需求集成，那么它们应分别逐步向上和向右实现更高水平的集成，从而实现向需求链管理的转变。同时，如果这些企业仍然几乎没有基于Web技术的任何形式集成，那么它们向需求链管理发展的最佳模式是向右过渡到B模式，然后再向上最终发展为基于D模式的需求链管理。

（2）服务企业由供应链管理向需求集成发展的模式。对于大多数服务企业而言，集中需求集成应该是最好的方法。服务业做任何供应集成，或是在需求链管理集成方面全面出击都可能是对资源的浪费。

因此，如果这些企业仍然几乎没有基于Web技术的任何形式集成，那么它们应创造条件向上实现与客户的集成发展为C模式。如果这些企业在B模式基础上实现了与供应商的集成，那么最好也转向与客户的集成发展为C模式。

（二）预测

预测是根据过去和现在的已知因素，运用已有的知识、经验和科学方法，对未来环境进行预先估计，并对事物未来的发展趋势做出估计和评价，是对未来可能发生的情况进行预计和推测。

预测分析是一种统计或数据挖掘解决方案，包含可在结构化和非结构化数据中使用以用来确定未来结果的算法和技术。可为预测、优化、预报和模拟等许多其他用途而部署。

预测的作用是能够帮助企业对需求变化迅速做出反应，柔性大的企业只需对其进行短期预测，其竞争力相应高。

预测具有很明确的特征，具体表现为以下几个方面：

（1）假设在过去发生某一事件的状态将来仍然存在，未曾预测到的因素、突发事件会影响预测的准确性。

（2）预测极少准确无误，随机因素会影响预测的准确性。

（3）对一组事件进行预测比对单个事件进行预测更为准确，这是因为不同事件之间产生的预测误差可以相互抵消。

（4）预测时间跨度过长准确性会降低。因为长期预测的不确定因素更多。

四

需求预测的重要作用

需求预测可以说是对市场需求的预判和评估，所以其需要对历史数据进行分析，结合对历史数据的分析，建立数学模型，然后再结合市场人员的经验判断，对未来的需求进行预判评估。如图1-3所示。

需求预测的重要作用是可以帮助企业提前做好营销策略的调整、采购计划及库存控制的调整、生产计划的协调安排；另外，在企业进行设备选择、设备布局和设施规划，以及企业战略选择的时候，需求预测可以为企业决策提供帮助。

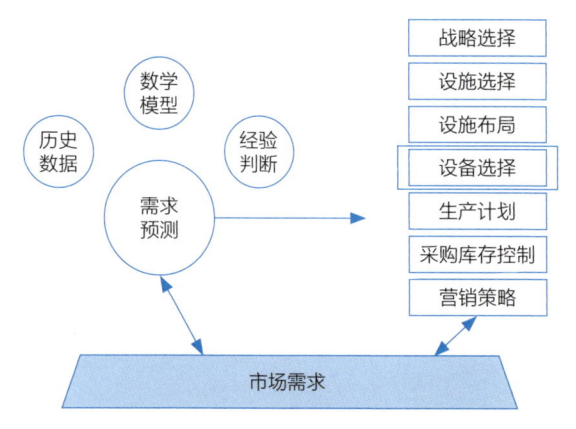

图1-3 需求预测

五 需求预测的分类及应用

从时间的长短来看,需求预测主要分为长期预测、中期预测和短期预测三类。

(一)长期预测

长期预测是指3年以上的预测,它是为企业制定长期规划服务的,这种预测着重于研究市场要素的长期发展趋势,为确定企业的长期发展方向提供决策依据。

长期预测是战略问题,它主要用于规划远景、勾画未来粗略的轮廓,比如,预测销售额、周期生产能力等,可能超出客户需求。它会涉及其他关键企业资源。

(二)中期预测

中期预测,主要是1~3年的预测,主要处理更多的综合性问题并主要为产品、工厂、工序的管理决策提供支持,它主要用于制定预算和销售计划等，通常以金额或产品系列为标准。一般情况下，中期预测第一年按月进行，之后按季度进行。

（三）短期预测

短期预测是指对一年以下的市场发展变化的预测。是规定近期市场活动具体任务的依据。这类预测活动在企业经营活动中是大量且频繁的。进行短期预测有助于企业及时了解市场动态，掌握市场行情变化的有利时机，提高经营决策水平。相比较而言，短期预测要求更具体、更明确。因此要求短期预测有比较准确的数据和结果。

短期预测一般采用定性分析和定量分析相结合的方法，并以定量分析为主。短期预测中的月度预测、逐周或逐月预测，被称为近期预测。实践中，市场预测表现为大量的近期预测。

短期预测往往比长期预测更精确些。影响需求的因素每天都在发生变化，因此当时间跨度延长时，预测精确度往往随之下降。

短期预测通常按月、季滚动预测，它主要用于物流业务规划等。

（四）中期预测、长期预测和短期预测的区别

中期预测、长期预测与短期预测的区别主要体现在以下三个方面：

（1）中长期预测要处理更多的综合性问题，并主要为产品、工厂、工序的管理决策提供支持。

（2）短期预测采用的方法通常与长期预测采用的方法不同。如移动平均法、指数平滑法和趋势外推法等为短期预测所常用的方法。更概括、更少量化的方法用于确定诸如是否将一种新产品（如激光唱片等）投产。

（3）短期预测往往比长期预测更精确些。影响需求的因素每天都在发生变化，因此当时间跨度延长时，预测精确度往往会随之下降。

需求预测在企业中的应用，主要体现在企业能够比较有策略性地运用这些信息数据，进而帮助企业分析其产品组合和确定新产品的开发战略。

六

预测的方法：定性与定量预测方法

预测的方法主要有两种，一种是定性预测方法，一种是定量预测方法。如图1-4所示。

```
预测方法
├── 定性预测方法
│   ├── 德尔菲法（专家预测法）
│   ├── 部门主管意见法
│   ├── 市场调查法
│   └── 销售人员估计法
└── 定量预测方法
    ├── 因果模型
    └── 时间序列模型
        ├── 加权算术平均法
        ├── 趋势平均预测法
        ├── 指数平滑法
        ├── 平均发展速度法
        ├── 一元线性回归预测法
        ├── 高低点法
        └── 时间序列预测法
```

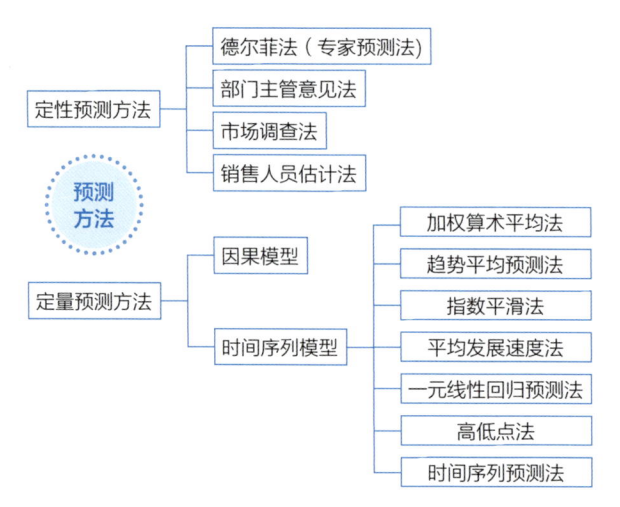

图1-4 预测方法

（一）定性预测方法

定性预测法是依据预测者的主观判断分析能力来推断事物的

性质和发展趋势的分析方法。这种方法可充分发挥管理人员的经验和判断能力，但预测结果准确性较差。它一般是在企业缺乏完备、准确的历史资料的情况下，首先邀请熟悉该企业的经济业务员和市场情况的专家，根据他们过去所积累的经验进行分析判断，提出初步意见，然后再通过召开调查会、座谈会的方式，对上述初步意见进行修正、补充，并作为预测分析的最终依据。

定性分析法主要根据除企业财务报表以外有关企业所处环境、企业自身内在素质等方面情况对企业信用状况进行总体把握。

定性预测方法主要有四种，分别是：德尔菲法（专家预测法）、部门主管意见法、市场调查法和销售人员估计法。

1 德尔菲法

这是集合意见法的一种变异形式。每个参与者递交他们的个人估计值，然后审查其他参与者的估计值。这样，他们就会照顾到不同意见而重新考虑和修改他们的原始数值（参加者应该背对背，不能相互碰面）。他们一般把预测值邮寄或送到组织者手中，由组织者汇总各方的看法后再返还给他们。他们可以在不受别人干涉的情况下，客观地分析手中的数据。这样反复几次，答案就会趋于一致，从这种意义上来讲，它可以被看作小组讨论和集合意见法的混合体，综合了上面两种方法的长处。

2 部门主管意见法

这种方法建立在最高管理层提出的意见和建议基础上，这种方法依赖于这支队伍的经验、才能和直觉。如果管理当局正确决策的业绩记录保持良好,这种方法是很有价值的。但有时它也反映出了一种"象牙塔"里的观点,这些人将自己隔离起来,根本不知道在广大的员工和客户中间,到底发生了什么。

一般来说,管理人员在经理办公室里待的时间越少,与员工和客户保持越密切的联系和交往,这种方法所造成的危险就越小。

3 市场调查法

客户调查涉及利用市场调查技术,直接从客户那里收集信息。

比较典型的例子是百事可乐所做的"味道测试",他们请消费者品尝百事可乐与可口可乐,然后说出他们的偏好。但是,如果抽样不具有代表性或者问卷设计有漏洞,所得到的结果就可能极不准确。按照推测,十年前可口可乐公司停止销售其"老式可乐"部分原因是由一个调查问卷的措辞不当造成的。这个问卷没有明确地询问消费者,如果老式可乐从市场中被取消,他们会有什么感受。

市场测试是指在一个小范围内,展示和促销一个品牌。一般说来,新品牌总是在具有"领头羊"地位的市场上进行测试(即一般是指某些可代表广大消费者的主要城市或城镇)。显然,如果该品牌在这些市场中销路很好,它们就可以在全国范围内投放市场或公开亮相。但是,如果产品的缺陷很快暴露,该品牌就需要加以改进,甚至有时不得不放弃。市场测试本身存在的风险是:新产品可能被竞争者跟踪窃取信息,这些公司"间谍"可能从你的努力中获取宝贵的信息。

4 销售人员估计法

这种信息来源能够带来很大的价值,因为销售人员一般来说是最接近客户的。

这种方法对于那些产品生命周期短、技术更新快的行业尤为重要,这种方法的主要缺点是潜在的偏见,因为他们总认为,自己的估计将被领导用作提高销售定额的依据(例如,如果销售人员对某产品未来3个月的销路看好,认为有希望每月多销售20%,但他可能仅对管理人员说有10%的增长希望,以免上级为他制定20%的增长定额)。针对这种情况,管理者可将销售人员的保守估计略微上提,既留有余地,又起到促进其销售的作用。

(二)定量预测方法

定量预测方法是一种运用数学工具对事物规律进行定量描述、预测其发展趋势的方法。

随着数学理论与方法的发展、电子计算机的应用,各种各样的科学技术发展模型、经济发展模型和社会发展模型应运而生,大大丰富和发展了定量预测。实现定量预测的主要条件有3个:

一是有历史数据和统计资料。

二是在定性分析认识的基础上进行。

三是要建立反映事物客观变化的数学公式或数学模型。不论应用曲线图外推，或是求解数学模型，均可获得定量预测的结果。定量预测必须与定性预测相结合，尤其对复杂事物的长期预测，千万不要把定量预测结果绝对化。

策略性地运用信息数据有助于企业分析其产品组合和确定新产品开发战略。

定量预测的方法主要有两种，因果模型和时间序列模型，而时间序列模型又分7种方法，分别是：加权算术平均法、趋势平均预测法、指数平滑法、平均发展速度法、一元线性回归预测法、高低点法、时间序列预测法。

1 因果模型

各种事物之间都存在直接或间接的因果关系，同样的，销售量亦会随着某种变量的变化而变化。当销售与时间之外的其他事物存在相关性时，就可以运用回归和相关分析法进行销售预测。

它包括一元回归法、多元回归法和投入产出法。回归预测法是因果分析法中很重要的一种，它从一个指标与其他指标的历史和现实变化的相互关系中，探索它们之间的规律性联系，作为预测未来的依据。

2 时间序列模型

时间序列模型是利用变量与时间存在的相关关系，通过对以前数据的分析来预测将来的数据。在分析销售收入时,大家都懂得将销售收入按照年或月的次序排列下来,以观察其变化趋势。时间序列分析法现已成为销售预测中具有代表性的方法。

它是以一个指标本身的历史数据的变化趋势,去寻找市场的演变规律作为预测的依据,即把未来作为过去历史的延伸。时序预测法包括以下几种方法。

(1)加权算术平均法。用各种权数算得的平均数称为加权算术平均数,它可以自然数作权数,也可以项目出现的次数作权数,所求平均数值即测定值。

(2)趋势平均预测法。趋势平均预测法是以过去发生的实际数为依据,在算术平均数的基础上,假定未来时期的数值是它的近期数值,而同较远时期的数值关系较小的一种预测方法。

(3)指数平滑法。指数平滑法是以一个指标本身过去变化的趋势作为预测未来的依据的一种方法。对未来预测时,考虑近期资料的影响应比远期的要大,因而对不同时期的资料取不同的权数,越是近期资料权数越大,反之权数越小。

(4)平均发展速度法。平均发展速度反映现象在一定时期内逐期发展变化的一般程度,通常采用几何平均法来计算平均发展速度来预测未来一段时间的增长情况。

(5)一元线性回归预测法。根据x、y现有数据,寻求合理的a、b回归系数,得出一条变动直线,并使线上各点至实际资料上的对应点之间的距离最小。

(6)高低点法。高低点法是利用代数式$y=a+bx$,选用一定历史资料中的最高业务量与最低业务量的总成本（或总费用）之差△y，与两者业务量之差△x进行对比，求出b，然后再求出a的方法。

（7）时间序列预测法。时间序列预测法是把一系列的时间作为自变量来代入直线方程$y=a+bx$，进而求出a、b的值，这是回归预测的特殊式。

3 定量预测方法优缺点

定量预测的优点是：偏重于数量方面的分析，重视预测对象的变化程度，能做出变化程度在数量上的准确描述；它主要把历史统计数据和客观实际资料作为预测的依据，运用数学方法进行处理分析，受主观因素的影响较少；它可以利用现代化的计算方法，来进行大量的计算工作和数据处理，求出适应工程进展的最佳数据曲线。

定量预测的缺点是比较机械，不易灵活掌握，对信息资料质量要求较高。

进行定量预测，通常需要积累和掌握历史统计数据。把某种统计指标的数值按时间先后顺序排列起来，以便于研究其发展变化的水平和速度。这种预测就是对时间序列进行加工整理和分析，利用数列所反映出来的客观变动过程、发展趋势和发展速度，进行外推和延伸，借以预测今后可能达到的水平。

七、销售预测的实施步骤

（一）销售预测的主观判断

在销售预测的实施过程中，必要的时候需要销售预测人员进行主观上的判断，主要体现在以下几个方面：

1 有效方法的选择

企业在实际进行销售预测的时候，为了保证销售预测的准确性，需要根据企业的实际情况，进行销售预测方法的选择。

2 信息的价值判断及取舍

在销售预测的过程中，会存在很多类信息，这些信息的价值大小，需要销售人员根据实际情况进行判断，并进行取舍。

3 各种因素重要度的判断

在销售预测的过程中，需要考虑的因素有很多，哪些因素是重要的，哪些因素是不重要的，需要销售预测人员根据自己的经验对各因素进行重要的判断。

4 预测结果的适合性判断

当然，即使选择的方法是合适的，对信息的价值、各种因素的重要的判断也是准确的，也不能完全保证预测的结果是适合的，所以销售预测人员需要对预测的结果进行适合性判断，在判断的基础上进行修正，并根据希望的结果优化我们的模型，这样才能保证以后的销售预测越来越准确。

（二）销售预测的实施步骤

销售预测的实施遵循一定的步骤，在经营销售预测的时候，我们可以按步骤实施：

1 明确预测的目的和用途

确定目标就是明确要预测什么，达到什么目标。预测目标一般是根据企业要解决的问题去确定。

2 确定预测的时间跨度

预测目标包括预测的项目（即要解决的具体问题）、地域范围要求、时间要求、各种指标及其准确性要求等。预测目标是进行其他预测步骤的依据。

3 选择适当的预测方法和模型

在预测过程中,仅仅使用一种方法进行预测的情形不太多见,也不太可靠。通常,企业以定性和定量的方法同时进行预测,或以多种预测方法互相比较印证其预测结果,这样可使预测的准确度提高。

另外,进行定量预测时,往往要建立预测模型。预测模型是以数学方程式表达的各种变量之间的一种函数关系,它抽象地描述企业市场营销活动中各种因素、现象之间的相互关系。

所以,企业需要根据预测目标和资料情况,选择可行的预测方法。

4 收集所有历史数据和当前信息并进行分析

根据预测目标进行市场调查,对市场调查所收集的资料进行认真的核实与审查,去粗取精,去伪存真,并进行归纳分类,分析整理,分门别类地编号保存。力争使之系统、完整、准确,为预测做好资料准备。

5 预测

根据收集的资料信息,利用建立的预测模型,运用数学方法,或借助于电子计算机,企业就可以对预测结果进行检验、评价,进而做出相应的预测。

6 对预测过程进行监控

预测结果出来之后,需要对预测过程、预测指标、资料来源等做出简明的解释和论证。报告应及时传递给决策者。

如何进行销售预测准确性管理

（一）销售预测准确性管理的方法

我们如何才能对销售预测的数据进行准确性管理呢？为了保证销售预测数据的准确性，我们可以从以下几个方面进行管理。

1 企业历史数据

企业历史数据在外界市场各种因素变化影响的情况下，虽然不能完全反映市场对产品的需求，但是它的变化趋势可以在一定程度上反映市场对企业产品的反应情况，我们可以结合市场各种因素的影响变化，修正我们的历史数据，以达到我们进行销售预测的目的。

2 行业统计信息

一般来说，行业统计的信息是由对行业比较了解的人员对本行业信息的统计分析，它具有代表性，企业可以参考这些数据，对未来的销售情况进行预测，再结合本企业的特点和行业地位，进行有效的销售预期分析。

3 政府统计信息

政府作为官方记录机构，在某些行业的统计数据的客观性比较强，所以，可以将其作为一个比较准确的销售预测参考数据来源。

4 专家趋势分析

是将要咨询的问题以信件的形式寄给一些专家，请专家提出建议再寄回，提问者再根据专家的建议对计划进行修改，然后把修改好的计划再次寄给专家请他们再次提出建议。

5 竞争对手信息

竞争对手信息是指与本企业存在市场竞争关系（或潜在市场竞争关系）的其他单位的相关信息，包括竞争对手的公司规模、产品构成、产品特色、经济实力、产品策略、竞争战略等。

竞争对手信息收集需要遵循相应的原则：

（1）一切有关竞争对手的信息都可能是有价值的情报。当前大多数竞争情报著作均强调关键性情报信息的收集，但在实际工作中，情报无大小，竞争对手的任何一个细节、任一行为动作与表现，都可能反映出该企业的最新发展动向、战略目标及其可能采取的行动。因此，情报人员应该树立一个基本理念：与竞争对手有关的一切情报信息都应纳入收集的视野，在制定竞争对手尤其是主要竞争对手信息收集大纲时，应尽可能全面、完整。以全面系统的情报信息反映竞争对手的情况，揭示竞争对手的现状，预测竞争对手的未来，并学习跟进、定标比超，制定本组织的竞争策略。

（2）要考虑情报信息收集的代价。收集竞争对手的情报信息需要投入包括人力、财力、时间、法律风险等成本支出，因此，必须考虑投入产出比，在有限的时间、物力、财力、精力以及道德法律允许的条件下进行情报信息收集。这就意味着信息收集工作要有选择、有重点地进行，不能眉毛胡子一把抓。

（3）竞争对手信息收集是一项系统工程，要有组织、有计划地进行。

原则二与原则一是一对难以调和的矛盾，解决这一矛盾的关键就是要坚持原则三。

一般而言，竞争对手信息收集工作应由两部分组成：一是常规的、日常性的信息收集活动，即对竞争对手进行持续的、全面的、系统的日常跟踪与监测，在此基础上建立竞争对手数据库，它是竞争情报活动乃至企业信息管理的基础，具有长期性、持续性、全面性、系统性、日常性等特点；二是针对某一课题、某一任务、某一事件而进行的暂时性、任务性的信息收集工作，即围绕某一特殊的任务，进行有针对性的信息收集，一旦该任务完成，信息收集活动即告结束。这种任务式的信息收集工作具有针对性、临时性、深入性等特点。无论哪一类信息收集工作，在执行任务前，都有必要对情报需求、收集目标与任务、人员安排、时间进度表、财务支出、信息收集渠道、方法与技术手段等做好全面的权衡与考虑，制订周密的计划，并尽可能地规范化、流程化、制度化、标准化，提高企业情报工作的效率与效益。

（二）销售预测准确性管理的实施流程

销售预测准确性管理的实施需要按照一定的流程去执行和管理，具体的流程可以参考图1-5。

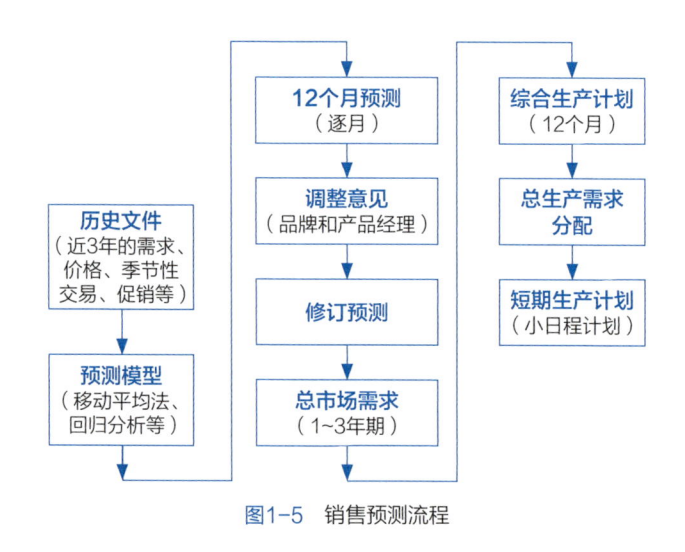

图1-5 销售预测流程

1 参考历史文件信息

历史文件信息一般指近3年的需求、价格、季节性交易、促销等信息，企业在销售需求预测的时候，可以根据数据的实际变化，找出其中可以借鉴的规律和趋势。

2 建立预测模型

建立预测模型的方法常用的有移动平均法、回归分析等。

3 进行12个月预测

12个月预测也可以说是企业的年度预测计划，预算数据最好是逐月分析。

4 广泛听取调整意见

广泛听取品牌和产品经理等相关人员的调整意见。这些人员对行业的了解一般比较深入，所以，他们的意见有较大的参考意义。

5 修订预测

根据实际情况和当前市场变化预测的数据，结合项目人员的意见和信息进行修订，以提高数据的可靠性。

6 总市场需求

总市场需求一般是未来1~3年市场需求的总体状况，它反映的是未来1~3年市场需求的变化趋势，可以用于企业未来的资源规划。

7 综合生产计划

销售需要预测的数据确定了之后,企业需要进行年度的资源规划和生产组织安排,所以,有必要制订年度的综合生产计划。

8 总生产需求分配

企业年度资源规划和生产组织安排总体确定了之后,企业内部就可以结合实际的资源和未来的投入进行生产需求资源的分配管理。

9 短期生产计划

短期生产计划一般是订单需求基本明确之后的生产计划安排,它具体到日程计划,生产部门要根据日程计划安排,组织生产,并进行生产进度管理。

九、基于销售预测的SPI可视化管理

为了比较有效地进行库存管理，企业需要建立基于销售预测的SPI可视化管理（图1-6），以提高企业运作系统的预见性反应，从而助力改善客户服务。

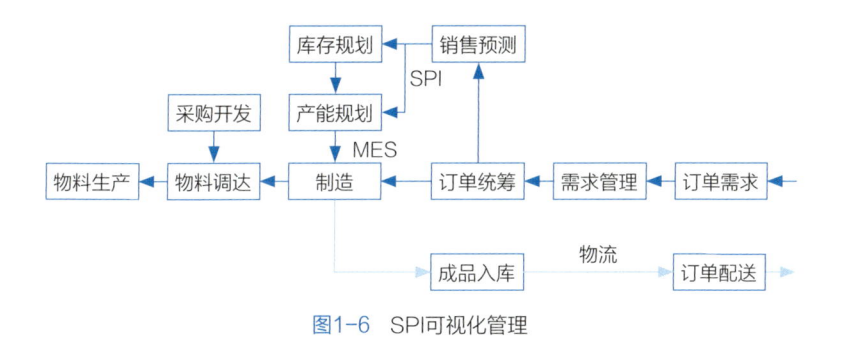

图1-6 SPI可视化管理

（一）基于销售预测SPI

SPI系统是指企业的销售-生产-库存管理系统，它的主要内容是建立企业的销售-生产-库存管理联动系统，进而实现企

业的生产运作系统能够根据市场的变化和订单需求，及时调整生产和库存控制，提升生产系统的市场应对力和应变弹性，最终加速产品周转的速度，减少企业库存，加速企业资金流动。

（二）有效备货、削减库存

为了减少库存，企业需要对现有的库存进行分析，一般从库存总量管理、库存分布、滞留库存管理、移动库存管理以及库存目的等方面分析现有库存。

通过分析，企业可以将库存分成需要的库存与不需要的库存。下面是两个库存分类的范例，公司可以基于这种分类形式处理自己公司的库存：

A需要的库存：运行库存、安全库存等。

B不需要的库存：过剩库存、长期保管库存、陈旧化库存、老化品库存。

为了更好地削减库存，企业需要对必要的产品进行有效备货，这里需要注意的是要区分备货和库存。备货是准备或已经计划要出货的货物，它是企业库存的一部分，也就是说有计划即将准备出货的库存。

结合对需要的库存与不需要的库存的分析，企业进行积极的备货准备，减少那些不需要的库存，可以大幅度地减少库存，降低企业的成本，而不影响企业的正常运行。

（三）订单驱动，瞬时响应

瞬时响应是指系统在某一典型信号输入作用下，其系统输出量从初始状态到稳定状态的变化过程。瞬时响应也称动态响应、过渡过程或暂态响应。

（四）预见性反应，库存可视化助力改善客户服务

总是准确地掌握库存数量并非易事。这是因为要努力改善仓库现有物品管理方法与事务性处理方法的缘故。而且，还要实施循环盘点，努力尽早发现与库存不符之处并尽早纠正。

所以，企业可以采用库存管理与库存管理信息相关的管理看板或系统，实时将库存信息可视化，诸如库存周转率、不需要的库存发生率、库存不符的发生情况与原因和对策等。这样一来，既可以促使整个工厂都开始关心不需要的库存发生情况，又可以营造共同努力防止不需要的库存再产生的氛围。

第二章

有效库存规划

用动态变化的库存规划实现有效交付

必要的库存是流动的基础,它可以帮助企业抵消预期缺货成本,实现有效交付。但是库存是有成本的,如果不能有效规划,则会造成库存积压,严重影响企业的现金流,甚至会侵蚀经营利润。所以,如何动态、合理地规划库存,对企业经营至关重要。

敏捷的核心在于快速流动,供应链运营可以说是流动的科学和艺术。一方面,必要的库存是流动的基础,另一方面,过多的库存会让流动变慢。有效的库存规划,可以在满足流动的前提下,最大限度地削减库存,从而加快物料流动和资金流动,提高投资回报率。

然而,库存规划不是一劳永逸的,市场需求在变化,内部生产能力也在变化,最佳库位水平也会随之动态变化。企业需要建立敏捷动态的库存规划机制,使客户交付满意水平和库存成本始终处于一个平衡状态。这就需要掌握一系列的有效库存规划原则,同时不断提升供应链稳定性,在不影响客户交付的前提下,科学削减库存。

在后面的章节中，我们将系统性地探讨库存的作用、成本、规划原则以及一些帮助科学规划库存的工具方法，如采购分析工具、ABC法、线平衡分析法等。另外，我们也会讨论库存信息失真对有效库存规划的影响，以及如何提升库存信息的准确度。

二

抵消预期缺货成本是库存的重要作用

大多数企业需要持有一定的库存，因为库存可以降低缺货风险，从而降低制造效率损失成本，使得企业在生产和运输领域的成本降低。库存的作用包括：满足预期需求、平滑生产、缓冲线不平衡、降低批量订货成本和预见性采购。如图2-1所示。

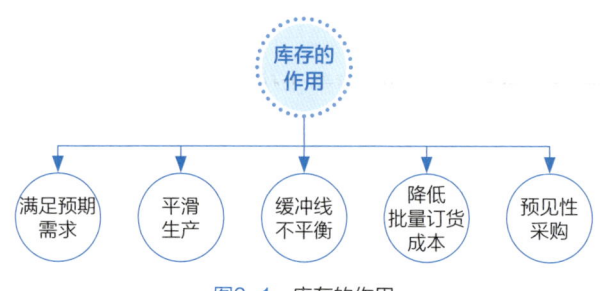

图2-1　库存的作用

（一）满足预期需求

客户对于产品的交付周期要求越短越好，谁能更快交货，谁就能抢占更多的市场份额。某家电企业直接向各钢板供应商宣布：针对所有钢板订单，谁先交货，选择谁家。很多时候当天下的订单，要求当天就交货。但是彩涂钢板从热轧钢卷加工到成品，至少需要一周的生产周期。为了快速交货，供应商只能根据预测需求，各个规格、颜色都备一些库存，还要备一些半成品。

订单响应时间远远小于生产周期的情况越来越普遍，这就要求企业要设置一定的安全库存来应对预期的需求。

（二）平滑生产

假定我们生产线的每日标准产能是100台，但是发货需求有时是80台，有时是120台。如果没有库存，生产线可能有时提前完成生产任务没事干，有时又要加班生产。所以，设置一部分合理库存，就能起到平滑生产的作用，让生产线每天都只需要完成标准产能的产量，实现效率最大化。

同样的道理，有些行业淡旺季明显，为了让行业生产旺季不忙、淡季不闲，也可以通过设置库存来实现。但是，库存的设置要非常谨慎，一定要确保多备的库存是能够正常被消耗的，而不是生产出来一堆没有销路的东西。一般，为了平滑生产而做的库存，会选择通用性比较强、需求比较稳定的产品或者半成品，这样会将库存呆滞的风险控制在最小范围。很多行业工人的工资是计件的，如果不对生产任务加以控制，生产会偏向于制造容易做、工价高的产品，而不是公司最需要的产品。

（三）缓冲线不平衡

生产线的理想状态是线平衡，也就是说每个工序都以一样的节拍来生产，这样总体效率最高。但是，现实中真正实现线平衡是很难的，一般能达到85%就算不错了，很多生产线连50%都达不到。它的计算公式是：

线平衡率=∑各工序节拍时间/（工序数量×瓶颈工序节拍）

因为整条线的节拍是由瓶颈工序的节拍决定的，其他工序相比瓶颈工序快出来的时间理论上都是浪费。但是，作为老板，肯定不想让这些快出来的时间白白浪费，会千方百计地把这些时间利用起来，比如兼做一些拆包装、设备清洁之类的杂活，或者兼做其他工序。甚至有些节拍差距大的生产线，会出现同一生产线有不同的班次安排，比如瓶颈工序是三班倒，简单工序可能只开白班。但是生产线是连续的，简单工序就必须要做出足够的中间在制库存，供瓶颈工序在夜班连续生产。

当然，这种靠中间在制品来缓冲线不平衡的方式也是有争议的，有些理论认为这不是精益生产的方式，不利于提高线平衡率。确实，这种见缝插针、打补丁式的缓冲方法肯定不如切切实实地提高线平衡率的方法。但是，在一定工艺条件下，经过了多轮优化后，线平衡率就不容易提高了。对于广大中小型企业来说，适当的库存缓冲是可以接受的。

（四）降低批量订货成本

订货是有最小起订量的，价值低的货物我们没有办法做到准时化订货。相反，每批订货如果能达到一定批量，供应商会给我们一定折扣。因为对于供应商来说，较大批量的生产、发货、运输，其单位成本会更低。另外，我们自己的订货成本也是跟订货次数相关的，比如订单处理成本、卸货入库作业成本等。小批量订货意味着高频率的订货次数，所以设置一定库存，提高每次订货的数量，就能够降低批量订货成本。

（五）预见性采购

某些原材料的价格波动很大，比如钢材、铝材等，或者存在订货风险，如供应商产能不足的瓶颈资源。对于这些材料，我们需要进行预见性采购。但是预见性采购意味着订货频次和批量并不是均衡的，跟生产消耗趋势不是完全一致的。这就需要根据销售预测储备一部分库存，防止原料价格高位买入或者面临断供风险。

以上五种情况，根本出发点都是降低预期缺货成本。那么缺货成本包括哪些具体的表现呢？

首先是延迟订单成本。当发生原料短缺时，我们需要投入更多精力去跟踪订单的移动情况，也就是催货。为了尽快到货投入生产，可能还要支付额外的运输费用，比如原来走陆路运输的货物，最后被迫选择空运。同样，对于客户成品订单，如果我们没有库存可供直接发货，需要加紧生产，也会增加额外的成本，比如加班费、空运费等。

如果我们最终无法及时交货，客户可能会放弃订单，转而选择其他供应商。这样的话，我们就会损失订单利润，白费销售工作和生产准备工作，严重的话还会影响到其他产品的销售。

前面两种是直接损失，最不可接受的其实是有可能永久丧失客户。如果我们多次无法满足客户的交货要求，客户可能会对我们失去信心，进而转向了其他竞争对手。如图2-2所示。

延迟订单成本	销售丧失
跟踪订单移动 额外运输费用 更快更贵的运输方式	即客户选择其他供应商 利润损失 销售工作损失 影响其他产品销售
客户丧失（机会成本）	
客户永远转向其他供应商	

图2-2 缺货成本

所以，设置合理的库存，能够在很大程度上抵消预期缺货成本。那么库存有哪些基本形式呢？

一般来说，最基本的库存是批量经济或周转存货，这类库存可以认为是必要的库存，因为可以带来采购数量折扣、批量生产成本降低和规模运输效益。另外，在途和在制品存货也是不可避免的，但其数量可以通过计算来做标准化管理。为了应对不确定性，合理的安全库存也是可以接受的。不确定性包括供应端的原料到货时间风险，也包括成品客户需求的时间、数量不确定性以及交付的风险。季节性存货则是淡旺季需求差异引发的必要存货，还有一些是因为运输引发的季节性存货。最后，还有预见性库存，就是刚才说的预见性采购产生的库存，比如为了应对罢工、价格大幅上扬、天气变化、政治动荡等异常。如图2-3所示。

```
                              ┌─ 采购 数量折扣
库存的       ├─ 批量经济/周转存货 ─┼─ 生产 批量生产成本降低
基本形式                         └─ 运输 规模运输效益
            │                   ┌─ 客户 何时购买、购买多少
            ├─ 不确定性/安全存货 ─┼─ 供应 交货时间
            │                   └─ 交付 运输时间
            ├─ 时间/在途和在制品存货 ┬─ 在途 移动中产品和材料
            │                      └─ 在制 生产过程中的存货
            ├─ 季节性存货 ─ 季节性需求引发的必要存货
            │              淡旺季需求差异引发的必要存货
            │              运输引发的季节性存货
            └─ 预见性库存 ─ 市场异常（罢工、价格大幅度上扬）
                           天气变化
                           政治动荡
```

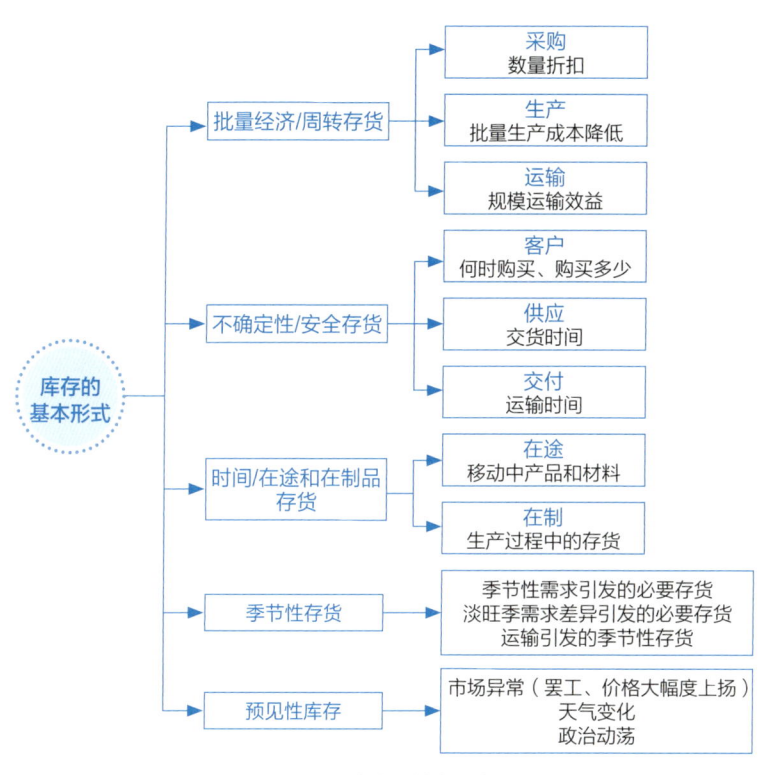

图2-3 库存的基本形式

企业必须要关注的库存成本

前面说了缺货成本，所以我们要设置库存来抵消缺货成本。但是，设置库存也是需要成本的，其主要包括两个方面：订货成本和持有成本。两者之和就是库存总成本，可以通过经济订货批量计算来确定总成本最小时的订货批量，如图2-4所示。公式是：

$$Q^*=SQRT(2DS/C)$$

式中，Q^*为经济订货批量；D为年需求量；S为每次订货成本；C为单位年仓储费用。

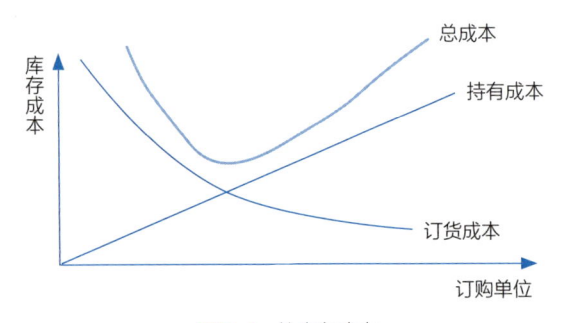

图2-4　总库存成本

道理很简单，持有成本跟我们设置的平均库存水平成正比，主要包括仓储过程中的仓储成本、损失风险成本、资金占有成本和保险费用。而订货成本主要是订单处理成本、运输成本和卸货入库成本，平均订货成本会随着订货批量的增大而变小。当持有成本和订货成本相等时，库存总成本即最小。据美国生产与库存协会（APICS）统计：典型的库存年度持有成本为物品价值的20%～40%。这个成本不容小觑，需要跟预期缺货成本做平衡，如图2-5所示。

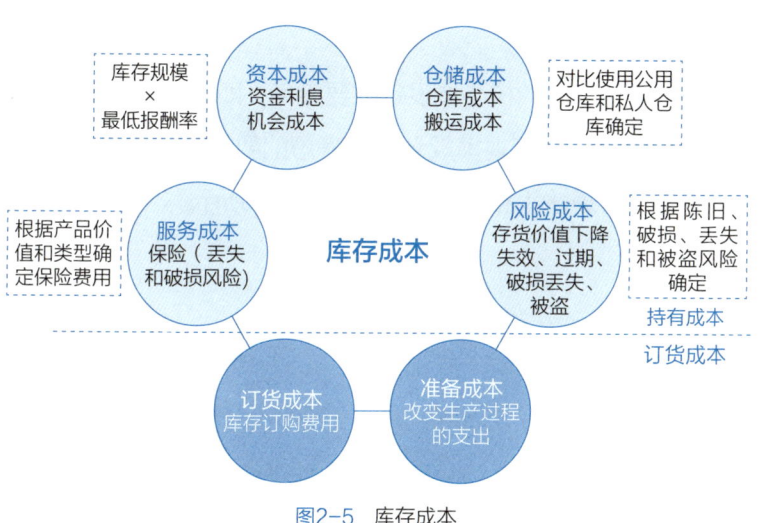

图2-5 库存成本

四

进行有效库存规划的要点

库存管理的总目标是：在合理的库存成本范围内达到满意的顾客服务水平。也就是说，需要在库存成本和预期缺货成本间取得一个平衡。

有效库存规划的核心是设定必要库存，即为了满足顾客需求而设置的库存。库存规模规划需要考虑的要点包括：产业形态、物料价值、管理水平和工序能力，如图2-6所示。

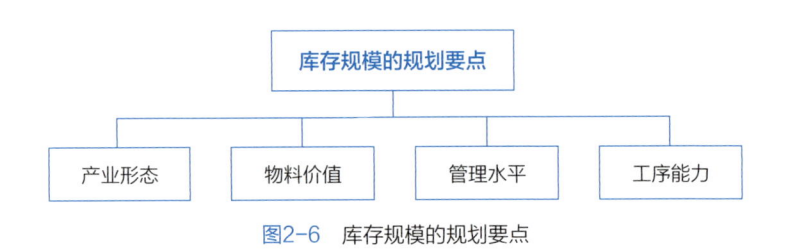

```
           库存规模的规划要点
      ┌────────┬────────┬────────┐
   产业形态  物料价值  管理水平  工序能力
```

图2-6　库存规模的规划要点

（一）产业形态

产业形态决定了库存模式，主要跟企业与上下游力量博弈的状态有关。比如，汽车厂推行JIT准时化供货，零件库存水平视供应商的远近，可能只有几十分钟到几天的库存。大部分国内供应商都会在本地建厂或者设置VMI库存，对汽车厂来说，几乎实现了零库存。当然，进口零件或者个别强势供应商零件，也会建立一定的库存，但比例比较低。汽车厂的成品库存也不会很多，特别是过去畅销的主流合资品牌，一方面处于供不应求的状态，4S店需要排队等订单，另一方面它们相比经销商比较强势，有时会把库存强压给经销商。

对于个性化定制的产品，则没有成品库存，因为它们是MTO（make to order，按订单制造）或者是ETO（engineering to order，按订单设计），无法提前生产。但是，它们会有原料库存或者半成品库存，否则交付周期会更长，影响客户满意度。

举个极端的例子，中小型家电钢板企业上下游都处于弱势地位，库存压力非常大。上游钢材供应商要求签订采购协议，每月至少采购一定量的钢材，不管行情好坏，也不管价位高低，否则会取消优惠甚至终止合作。下游家电厂则要求快速交付，急的时候甚至要求当天交货。但是彩涂钢板的生产周期至少一周，钢板厂只好提前备好各种规格的半成品，甚至按客户要求备有一定成品库存。而客户对于这些半成品和未发货的成品是不负责的，经常会形成呆滞库存。

（二）物料价值

根据物料价值来决定库存水平的方法，在后面章节中还会讲到。道理很简单，价值高的物料，企业肯定不愿意多备，因为占用的资金较多，呆滞风险难以承受。企业一般对于价值高的物料在采购时会比较谨慎，一方面需要根据较明确的订单需求来订货，另一方面每次订购的量也较少。

而对于价值低的物料，企业则可以适当多备库存，因为可以减少订货的次数，每次订货时批量大还容易取得采购折扣。

（三）管理水平

企业的管理精度高、应变能力强，则可以少备库存。这主要取决于企业对于供应链信息的获取能力和反应能力。这就是所谓的"信息换库存"，这是一种较先进的管理理念。如果企业能够把信息触角伸到客户的客户，及时掌握最前端的准确需求信息，然后根据这些信息来精准排产，就可以做到少备库存。

另外，企业还需要对内部和供应商的库存、产能状态时刻监控，一旦出现异常马上反应，提前做好应对措施。这样，企业就不需要通过设立过多的缓冲库存来应对供应链的风险。但这对供应链管理要求很高，如果管理水平不够，低库存运行会"玩火自焚"，得不偿失。

（四）工序能力

跟管理水平一样，生产交付能力强同样可以减少库存。一方面，生产要做到稳定可靠，交货周期确定性高，即承诺客户的交期是几天，实际交期就是几天，这样就不需要多备库存来应对交货周期不确定性。另一方面，不断缩短生产周期也可以减少库存。前面讲过，由于客户要求的交货周期比企业实际的生产周期短，我们不得不准备安全库存来应对这个周期差距。如果生产周期变短，减少跟交货周期的差距，安全库存就会相应降低。

另外，由于生产线的节拍不平衡，我们需要中间在制品来缓冲。如果我们能够不断优化生产线，提高线平衡率，在制品库存就能减少。

（五）减少库存的关键

从以上库存规划的要点可以看出，减少库存的关键在于更好地预测需求、减少交货周期的不确定性以及缩短交货周期。在后面的章节，会对具体的做法做进一步的讨论。

（六）实际库存全貌

前面讨论的是必要库存的决定因素，但企业在运行中，实际库存远远超过必要库存，下面我们通过实际库存全貌图来展开探讨，如图2-7所示。

实际库存全貌

```
传统安全库存 ├ 理论安全库存 ┤
             必要的
             最低安全库存
             为克服产能和供应问题
             而预留的缓冲的安全库存
             管理不当造成的
             不当库存
             浪费库存
             呆料
             废料
```
（订购量／订购点／足够应付需求的最大库存量／平均实际库存量）

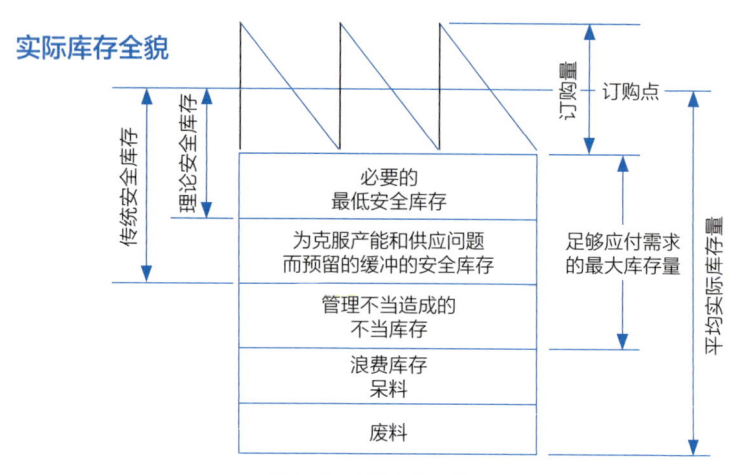

图2-7　实际库存全貌

我们用最常见的订购点模型来做分析，理想的订货循环是库存水平到达订购点就开始订货，订购量是订购点水平的两倍，等库存刚好消耗完，新订的货物就会到达，开始新一轮循环。但是实际运行中，不可能按照该理论模型来操作，可预期的加产、运输风险是要考虑进去的。所以，我们会设置一个到货周期的消耗量作为必要的最低安全库存，也就是最低存储量，即万一库存水平到达最低存储量，新订货物未能及时到货，企业可以马上重新订货，最低安全库存可以支撑重新订货的到货周期。当然，这是极端情况。一般情况下，原先订货即使未能按时到货，也不至于重新订货，这需要跟踪到货情况再做判断。总之，最低安全库存可以抵御一次异常消耗或者到货异常。这样，算上最低安全库存的订购点，就是理论安全库存，一旦库存水平到达这个点，就开始订货。

但是，传统安全库存还需要增加为克服产能和供应问题而预留的缓冲安全库存，因为最低安全库存只能应对一个订货周期内的可预期风险，而在实际运行中，产能和供应问题的影响可能会超出一个订货周期。最常见的就是临时加产，客户对某一品类的需求突然增长，企业需要临时扩大这个品类的产能，原料问题靠紧急订货也不一定能满足，这样就需要预留一定的缓冲安全库存。另外，如果供应商的供应能力不稳定，缓冲安全库存也是需要的。

除此之外，其余的库存都是不应该的，或者说是浪费的。比如因为管理不当而造成的不当库存，如库存信息错误导致的多订货、重复下单、下错单等。算上这部分库存，就是企业足够应付需求的最大库存量。呆料、废料可以看作是无用的库存，需要及时清理，否则会一直占用资金和库位面积。这就是企业实际运行中的实际库存量，我们要做的就是计算好必要的安全库存量，努力使库存保持在健康水平。对于管理不当、呆料、废料，应当通过管理来改善或尽量消除。而为了应对不确定的缓冲库存，可以通过不断提高供应链管理能力，特别是信息获取及应急能力，来逐步降低。

五

采购分析工具在库存规划中的指导作用

卡拉杰克模型是最常用的采购分析工具，我们也可以用来指导库存规划。这个模型按照供应风险和物料价值两个维度，把采购的物料分成四种类型。需要注意的是，价值是以其对利润的贡献来量度的，风险是指得不到产品时的负面影响。如图2-8所示。

	瓶颈 如：专利零件 专业咨询	关键 如：汽车关键部件 航空发动机
风险	常规 如：一般文具 工业紧固件	杠杆 如：印刷纸张 普通化学品

价值或潜在利润

图2-8　卡拉杰克模型矩阵

（一）关键物料

关键物料是指高价值、高风险的物料，如汽车发动机、变速箱、计算机的CPU等，这些物料一旦无法得到充足供应，企业就会陷入停产状态。而且，这些关键部件往往只能依靠少数几个供应商来供应，风险较大。另外，这些部件对于企业的盈利贡献很大，必须进行谨慎的管理以确保充足供应。所以，一方面，企业要与供应商达成战略合作关系，确保其优先供应地位。另一方面，企业也要做好内部库存规划，设置合理的安全库存，提前做好采购计划，并且对到货情况做好跟踪。

（二）瓶颈物料

瓶颈物料虽然价值不高，但供应风险较大，一旦缺货就会造成难以承受的损失，如某些专利零件。这些零件一般只有一家供应商，且可能运输不便，有较大供应风险。但是因为其价值不高，对利润的贡献不明显，在日常管理中很容易被忽略。对于这类零件，需要设立额外的库存，跟供应商签订保量合同，或者设置供应商管理库存。

（三）杠杆物料

杠杆物料是可选供应商较多、能够为企业带来较高利润的采购项目，如原材料、普通化学品等。这些物料标准化程度较高，可选供应商较多，供应风险较小。杠杆物料不需要多备库存，只需要计划好必要的周转库存数量，有规律地订货即可。

（四）常规物料

　　常规物料是指供给丰富、采购容易、财务影响较低的采购项目，如一般文具、普通工业紧固件等。对于这些物料，可以成批采购，做好库存管理即可。

六、ABC法在库存规划中的运用

由于各种库存物品的需求量和单价各不相同，其占用的金额也各不相同。那些占用金额较大的库存物品，对企业经营的影响也较大，因此需要进行特别的重视和管理。ABC库存分类法就是根据库存物品占用金额的大小，把库存物品划分为A、B、C三类。A类库存品：其占用金额占总库存金额的60%~70%，其品种数却占库存品种数的15%~20%；B类库存品：其占用金额占总库存金额的20%~30%，其品种数占总库存品种数的20%~25%；C类库存品：其占用金额占总库存金额的5%~10%，其品种数却占总库存品种数的60%~65%。如图2-9所示。

ABC分析法

（根据毛利润和订购频率进行ABC调整）

物料类别	占种类数量的百分比	占总金额的百分比
A类	15%~20%	60%~70%
B类	20%~25%	20%~30%
C类	60%~65%	5%~10%

图2-9 ABC分析法

（一）ABC库存分类法的实施步骤

第一，先计算每种库存物资在一定期间，例如一年内的供应金额，用单价乘以供应物资的数量。

第二，按供应金额的大小排序，排出其品种序列。

第三，按供应金额大小的品种序列计算供应额的累计百分比并绘ABC分析图。如图2-10所示。

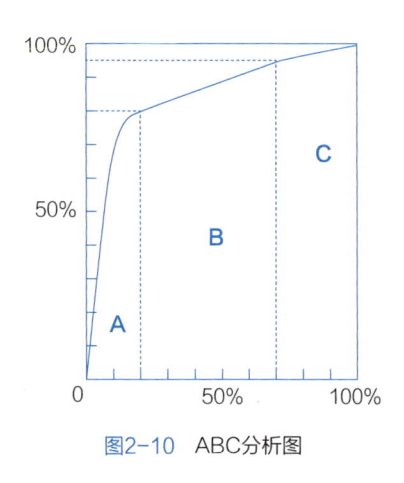

图2-10　ABC分析图

（二）对ABC类库存实施差别化的库存政策

对于A类物料，应进行重点控制、重点改善，防止缺货或超储。在库存规划时尽量精细计算其必要库存，减少浪费库存，减小资金占用压力和呆滞风险，同时保持最高的服务水平。如果供应链条件允许，争取采用准时化供货方式，使其接受零库存状态。在订货批量方面，则采用多频度、小批量方式，在需要的时候立即就能得到，或者通过快递服务来获得。严密监视库存量变化情况，当库存量一降到报警点时便马上订货。

对于B类物料，应动态调节库存水平，并保持较高的服务水平。单价较高的库存品采用定量订货方式；其他的采用定期订货方式，可对若干商品进行联合统一订货，并持有较多的安全存货。

对于C类物料，对企业经营影响最小，对其只需进行一般的管理，尽量简化操作。可以集中大量订货，以较高的库存来减少订货费用。库存核查按年度或季度进行，多准备安全存货，减少订购次数，降低订货费用。

七

有效排产管理与库存规划

库存控制的关键在于有效排产，因为库存是生产出来的。本月的计划产量，取决于有多少顾客订单，再结合预测性的需求和计划的库存，然后减去期初的库存就是本月需要生产的量。所以，库存规划是动态的，需要根据市场需求和顾客订单进行动态调整。

这里有两个关键点，一是确保生产计划部门接收到的需求预测信息和订单信息及时可靠，二是生产计划部门能够根据订单需求信息有效排产，如图2-11。

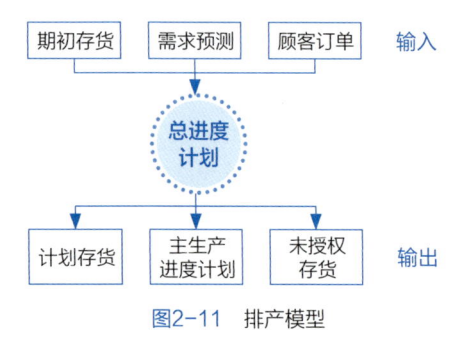

图2-11 排产模型

先说确保订单需求信息的及时性和可靠性的主要责任在销售部门，但又不能把全部责任推给销售部门。销售部门由于绩效导向，通常会把主要精力放在开拓市场、开拓客户、增加订单上，而不会花很多时间放在销售预测上。企业的产品较单一还好，业务员基本能够较准确预测下个月的销售情况。但是如果产品规格型号多，就很难指望业务员能够精准预测每个品类。另外，销售部门往往也不愿意做预测，因为他们自己本身也没有很大把握，万一预测有很大出入反会被生产部门责怪。

而需求预测信息的使用部门是生产部门，最关心的人是生产计划员。这就难免会存在信息不对称的问题，能够做预测的人不愿意做预测，想要预测信息的人没有办法预测。要解决这个问题，其实还有一个办法，就是由生产计划员来主导需求预测工作。对，你没看错，是由生产计划员来主导，因为通常最有效的办法就是谁最关心生产就由谁来主导。但是，生产计划不能只是催着销售做预测，而是需要自己先根据历史数据，把需求相对稳定的主要产品做一个预测，然后让销售部门做调整即可。这样其实已经把多半的预测销量定下来了，剩下需求波动大的产品再让销售部门做判断，或者不做预测，只根据顾客订单来做计划。这样销售部门的预测工作量就会小很多。而且因为加入了计划部门根据历史数据的分析，预测准确度也会提升。

得到了需求信息后，第二个关键点是生产计划部门的有效排产能力，即如何把需求信息正确转化成排产信息。这里要强调的是，生产计划绝对不是"二传手"，不是简单地把订单转给生产车间，而是需要结合订单的优先级、各车间产能情况以及各车间的生产提前期，来排出效率最高的生产指令。否则，很可能会发生这种情况：生产出来的东西不是销售需要的，销售要的东西没生产出来。也就是平时所说的"缺货与过剩同在"，一方面处于高库存水平，另一方面却只有低服务水平。

想要解决这个问题，不要幻想使用ERP系统就万事大吉，因为在没有理清楚真正适合企业的排产逻辑之前，仅使用系统是没有意义的。行内有句话说："进去的是垃圾，出来的还是垃圾。"意思是说，IT系统再好，你输入进去的信息是不可靠的，出来的信息也是没有意义的。而需要输入什么信息，是排产逻辑决定的，所以一定要先搞清楚逻辑。如何规划计划模式？月计划、周计划、日计划怎样排？物料计划怎样做？生产进度如何控制以及如何调整生产计划？这些问题需要完全搞清楚，才能进行有效排产，而不只是"二传手"，从而使得库存结构和库存数量得到控制。

这里提供一个机加工企业的生产计划模式，供大家参考，如图2-12所示。

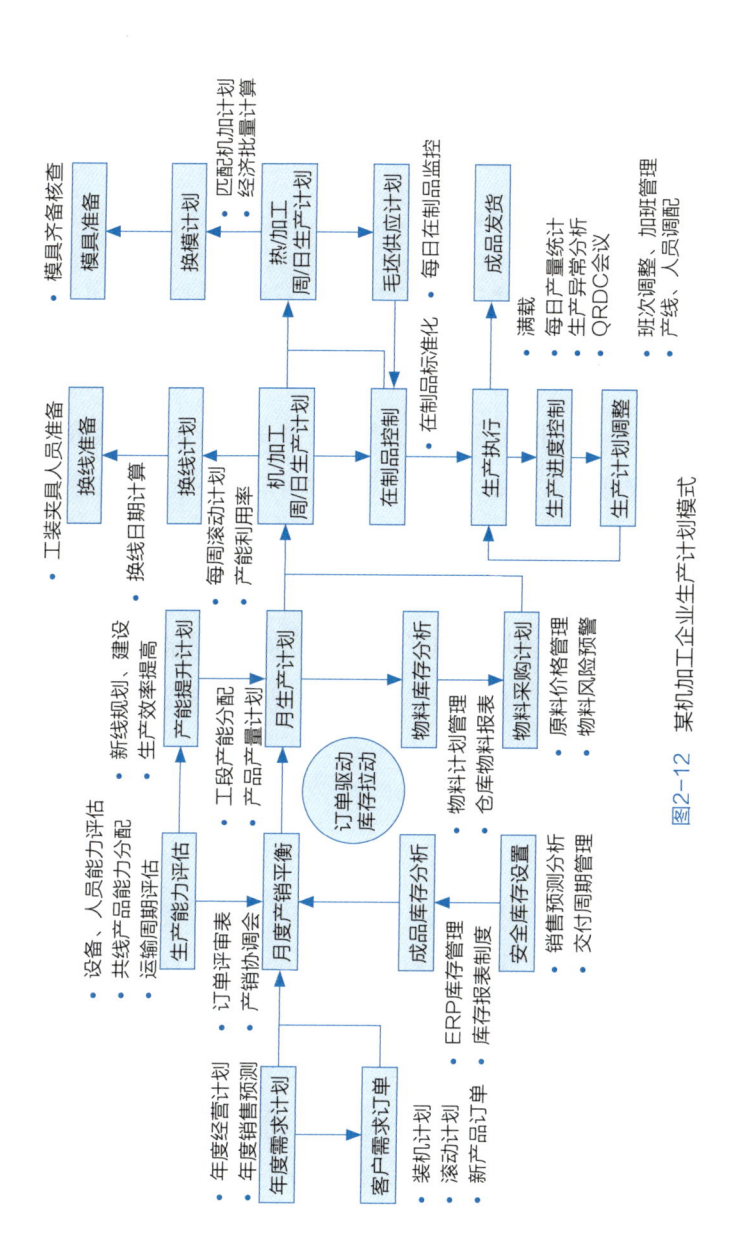

图2-12 某机加工企业生产计划模式

八、线平衡分析与瓶颈工序库存规划与控制

前面讲过，中间在制品库存是线不平衡的必要缓冲，但是这个缓冲量一定要计算准确，并且进行标准化管理，而不能以线不平衡为理由，没有上限地放置中间在制品。如果不加以控制，生产线偏向于多做在制品。原因有两个：一是计件工资驱使员工多做产品，不管下个工序是否能及时消耗；二是在制品库存可以掩盖生产异常问题，如设备故障、质量异常、人员请假等。

（一）在制品数量标准化

在制品库存一定要标准化，并且要进行目视化管理，时刻盯住其变化情况。那么，对于线不平衡造成的缓冲库存应如何计算呢？原理很简单，就是上工序间的库存，足以支撑下工序在生产时间内都有活干。举个例子，如果上工序节拍较快，每天只需安排一个班次，而下工序需要排两个班次，则上工序在下班时要留有下工序第二班次生产要用的库存。同样，如果上工序节拍较慢，每天需安排两个班次，而下工序节拍较快，只需排一个班次，这样的话，上工序如果没有做出库存，下工序就无法连续生产。在这种情况下，上下工序间也需要设定一个班次的库存，供节拍较快的下工序连续生产。

每个工序间的在制品库存就用这样的方法来计算，算出来的理论值再乘以一个系数，就是标准在制数了。至于这个系数设置为1.1还是2，需要根据生产线的稳定情况来定，但最多不应该超过2。如果能控制在理论值的两倍就已经算不错了，但实际运行中，很多企业的在制品数量远远超过这个数字。

（二）线平衡改善

不管怎么计算标准在制品数量，只要存在线不平衡，整体效率就会受到影响（图2-13）。解决其最根本的办法还是消除线不平衡，或者说尽可能地提高线平衡率（图2-14）。这就需要持续性做线平衡分析和瓶颈改善。所谓线平衡分析是对生产线的全部工序进行负荷分析，通过调整工序间的负荷分配使之达到能力平衡，最终提高生产线的整体效率。这种改善工序间能力平衡的方法又称为瓶颈改善。

线平衡分析及瓶颈改善不但可以减少在制品，降低整体库存，还可以提高人员及设备的生产效率，减少产品的工时消耗，降低成本。另外，如果实现单元化生产，还可以提高生产系统的弹性。线平衡改善一般是利用工业工程（IE）技术，改善内部工序间生产能力和质量水平不平衡的状况，消除瓶颈，从而减少半

例　能力需求：100件/时

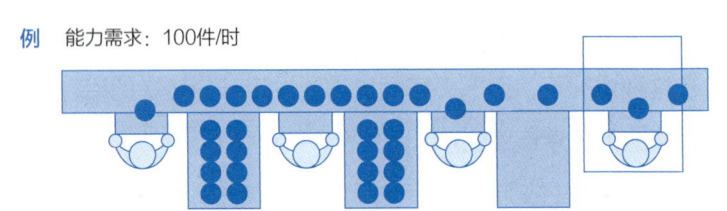

项目	工序1	工序2	工序3	工序4
能力	100件/时	125件/时	80件/时	100件/时
达成率	100%	125%	80%	80%
奖金	标准产量奖金	125%资金	0	0
效率	个别效率合格	个别效率高	个别效率低	个别效率低

图2-13　线不平衡带来效率下降

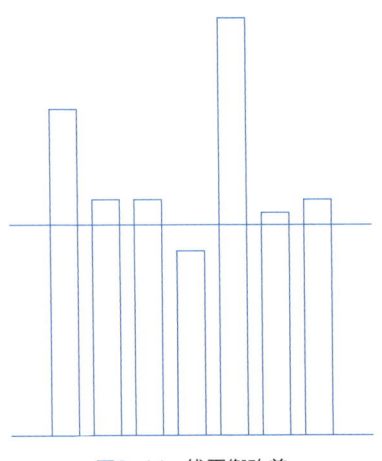

图2-14　线平衡改善

成品、在制品库存。另外，通过提高生产效率和生产能力，可以最大限度缩短交货周期，减少完成品在库。

九

流程断点库存规划与控制

流程断点带来的在制品库存，跟线不平衡的情况相似，也是用来缓冲工序间不连续的问题。最典型的是离散型生产模式，每个工序都要放置批量的在制品，既包括上工序搬过来的在制品，又包括本工序做好的、准备转往下工序的在制品，如图2-15所示。

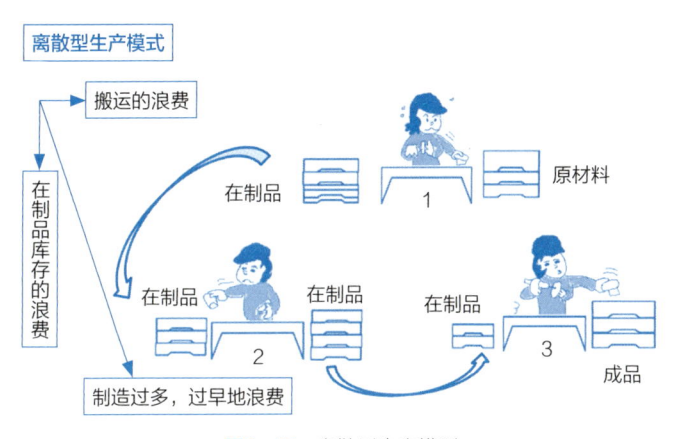

图2-15 离散型生产模型

对于离散型生产模式，各工序间允许的在制品数量为一个转运单位，即一次转运的量。所以，想要降低这种在制品库存，最简单的办法是减少一次转运量，提高转运频次。但这又增加了转运成本，需要进行平衡。

实际上，最根本的办法还是消灭流程断点，使工序间连续运转，这样就不需要设置在制品库存了。流水线生产模式就是连续生产的方式，可以减少搬运和在制品库存，如图2-16所示。

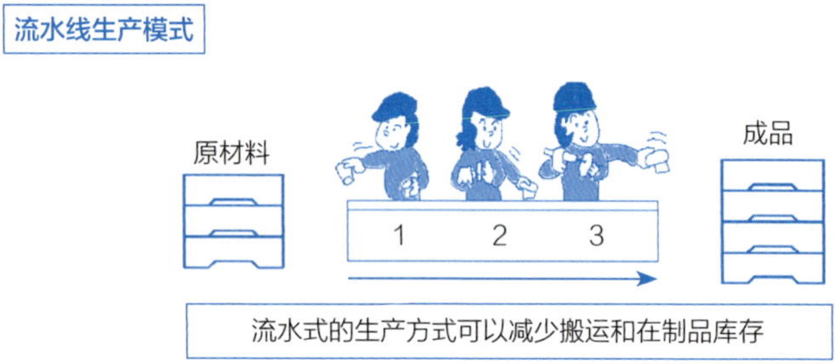

流水线生产模式

流水式的生产方式可以减少搬运和在制品库存

图2-16 流水线生产模式

库存管理中的信息失真及其对策

前面已提过，信息失真会带来库存短缺或者额外库存。而最主要的信息失真是需求预测不准和账实不符，这两项对库存管理的影响最大。

（一）需求预测不准

需求预测不准主要责任在销售部门，因此需要生产计划部门主导预测工作，通过历史数据分析来减轻销售部门的压力。两个部门一个掌握着市场和客户需求信息，一个擅长做历史数据分析，只有两者通力合作，才能做出相对准确的需求预测。

在企业实际运行中，往往会陷入两个极端。一个极端是计划部门天天追着销售部门要预测，然后销售部门像老鼠躲猫一样躲着计划部门，不到最后一刻都不会交预测数据。前面章节说过，销售部门不愿意也没有精力去单独把需求预测做好，一旦预测不准，生产和计划就会把责任推到销售身上。另一个极端是计划部门知道销售给的预测不准，而自己扛着准交率和库存指标，干脆踢开销售部门，自己根据历史数据来排计划。

这两种做法显然都是不可取的，都有明显的弊端。如果只由销售部门来做预测，可能会导致主观性太强，并且往往缺乏逻辑性分析。而且销售部门为保证服务水平，通常都会偏向于多报需求，因为销量和客户满意度才是他们的核心考核指标。这样就容易产生呆滞库存，影响正常周转。而只由计划部门做预测，又会因为掌握的市场前端信息不充分，导致预测出现偏差，这样会导致企业对市场需求的响应速度太慢，容易错失战机。另外，由生产主导的预测和计划，往往是哪个催货催得急就先做哪个，经常处于"踩钢丝"的状态，很容易发生缺货情况，给企业带来损失。

这些问题的解决对策，除了前面说的需要销售部门和计划部门通力配合外，还有一些基本原则可以参考。比如分析数据时，可以把企业内部的历史数据与行业预测相结合、自主预测与行业印证相结合。而在预测方法方面，可以尝试推移管理与滚动预测相结合、团队分析与专家分析相结合。另外，要想提高预测准确度，最有效的办法是缩短预测周期。显然，预测一个月比预测一年要准确，预测一周比预测一个月准确。但是，需要预测多长周期，取决于企业的应变速度。企业应变速度快，预测的周期就可以较短，因为可以通过应变能力来弥补预测的不足。举个例子，做一个产品原来因为采购原材料、生产准备需要提前一个月做预测，现在只需要预测一周，因为企业从接到需求信息到完成交付只需要一周时间。之后的需求信息通过每周滚动一次来获取。

（二）账实不符

影响库存管理的第二种信息失真是账实不符，因为我们做库存规划、物料需求、补货计划时是基于账面库存信息的，如果账面库存信息与实物偏差过大，就会导致库存决策失误，造成缺货或呆滞。更要命的是，如果账实长期严重不符，系统账无法使用，企业根本就没有办法做库存管理。

造成账实不符的原因有很多，其中最直接的问题是现场管理混乱。有些企业的仓库大门敞开，员工随意进出，拿了东西直接就走，既不登记，也无人过问。这样的管理方式，账必然做不准确。还有的企业物料摆放混乱，经常发错、记错物料型号，也会造成严重的账实不符。总之，想要提高账实相符率，首先要做的是守好仓库大门，做好现场管理，先让仓库有仓库的样子。

员工的工作责任心和工作质量也是影响账实状况的关键因素。入库、出库时，点清数量、对好种类、及时入账，是仓管员最基本的要求。另外，仓储物流规划也会影响账实状况，比如包装设计不当，包装容量过大，又没有设计分层、分格，很难数清楚货物的数量。再如，物料移动的标识卡设计不当，过于复杂、没有操作性，员工不愿意执行，或者设计过于简单，流程有漏洞，员工容易钻空子。这样都会影响到物料管理的质量，从而影响账实相符状况。

相应地，解决的对策需要先从仓库5S做起，这是仓库物料管理的基础。然后，需要不断提高员工的工作质量，避免低级错误，做到日事日毕、日清日结。另外，在物流规划方面，需要改善包装方式，方便点数。设计严密且又具可操作性的出入库传票管理制度，让物料移动全过程受控且有据可查。最后，需要设计好盘点制度，既包括仓管员的日常滚动盘点，也包括管理部门的抽查监督盘点，还包括半年、年终的大盘点制度，保证物料账面信息的准确性。

最后，再分享一个物料管理的工具。在物料管理中，有个最基本的分析方法，叫收支平衡式，可以用于生产进度确认、在库盘点及其差异分析，如图2-17所示。

原有库存 + 新增收货 = (正常消耗 / 正常退库) + (不良报废 / 不良退库) + 现有库存

图2-17 物流管理的收支平衡

收支平衡式，实际上就是原有库存，加上本期新增收货，等于本期正常消耗、正常退库、不良报废、不良退库的库存和现有库存之和。用这个公式可以核算当月的库存记录是否正确，及时发现差异。

第三章

库存实时可视化

一

库存可视化的仪表盘设计

企业运营可以说是流动的科学和艺术（图3-1）。为什么这么说呢？企业运营，一般来说有三条流，分别是实物流、信息流和资金流。销售并实现收入可以理解为是实物流的末端，当然还包括售后服务，同时它也是资金流循环中的一个起点。注意，资金流循环是一个循环，销售收入这个起点不是绝对的起点，更不是原始的起点，而是每一轮新循环的起点。

```
                企业运营：流动的科学和艺术

      ROI              ROE              ROA
    投资回报率         净资产收益率        资产回报率

  发现波动         所投入的资金       消除波动
  发现难点   仪表盘  库存周转   驾驶舱  消除难点
  发现浪费         一年滚动几次       消除浪费
```

图3-1 库存可视化的仪表盘设计

怎么理解呢？企业把商品卖出去，把钱收回来，然后再支出购买原材料、给员工发工资、支持工厂运营的各项费用，也就是把钱投入再生产。生产出来的商品，又通过销售卖出去，再把钱收回来，接着又投入再生产。所以说，销售收入是每个新循环的资金流起点。钱就像血液，在这个循环里不断流动，不断创造价值。

而且，在健康的企业中这股资金流是会越流越大的，因为企业的产品能够创造利润。这些利润有一部分通过分红的形式，回馈给股东，剩下的会继续投入到企业，比如扩大产能、开发新产品等。这样企业的收入规模就会进一步扩大，从而推动企业的价值也变大。当然了，企业除了靠自身盈利来创造钱外，也会通过贷款、发行股票等方式来补充资金。但这就好比人的身体，靠自身的造血功能不断新陈代谢才是根本，临时性的输血只能是应急补救，不可持久。

所以，从这个角度看，企业运营中的资金流动越快，企业的经营效益就越好。我们可以用一个指标来表示企业经营的好坏：投资回报率（ROI，Return on Investment），它是指通过投资而应返回的价值，即企业从一项投资活动中得到的经济回报。ROI的计算公式如下：

$$ROI = 营业额利润率 \times 资本周转率$$

其中，

$$营业额利润率 = 利润/营业额$$
$$资本周转率 = 营业额/资本$$

营业额利润率可以理解为流通量指标，而资本周转率可以理解为库存量指标，因为资本里有相当一部分流动资产是以库存的形式来表现的。所以，想要提高ROI，要么提高利润率，要么扩大销售额或者降低库存来增加资金周转次数，也就是加速资金流动，缩短订单周期，如图3-2所示。

投资回报率

ROI ＝ 营业额利润率 × 资本周转率

投资回报率（ROI）是指通过投资而应返回的价值，即企业从一项投资活动中得到的经济回报。

$$\frac{利润}{资本} = \frac{利润}{营业额} \times \frac{营业额}{资本}$$

流通量指标　　库存量指标

图3-2　投资回报率（ROI）

净资产收益率（ROE）与资产回报率（ROA）、投资回报率（ROI）类似，只是计算的基数不一样，但原理是一样的。建立以ROI为核心的库存可视化仪表盘，随时监控经营状况，及时发现波动、发现难点、发现浪费，从而立即消除波动、消除难点、消除浪费，不断提升经营效益。

从根源上了解库存产生的原因

必要的库存是流动的基础，前面章节说过，库存可以降低缺货风险，从而降低制造效率损失成本，使得企业在生产和运输领域的成本降低。库存的作用包括：满足预期需求、平滑生产、缓冲线不平衡、降低批量订货成本和预见性采购等。但是，在实际运营中，由于各种各样的问题，企业的库存往往超过了正常需要的水平，产生了大量的浪费库存。所以，库存取决于企业的整体运营水平，是结果，而不是根源。如果不能提高供应链流程和系统的能力，就没法从根本上降低库存。库存产生的原因有很多，下面逐一进行讨论，如图3-3所示。

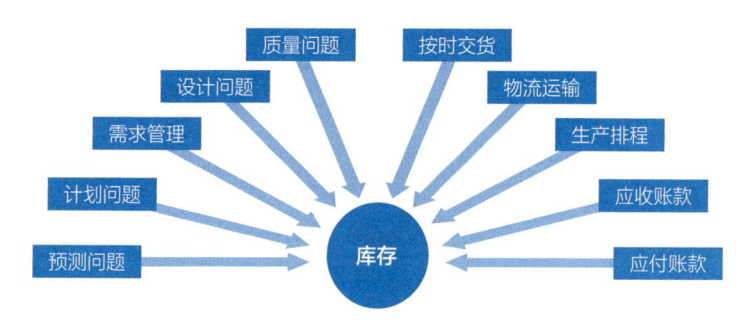

图3-3 库存产生的原因

（一）预测不准

销售预测准确度低，是产生大量库存的最重要的原因。理论上来说，如果销售预测准确，企业只需要备少量的周转库存，最多考虑原料供应风险，再备一点安全库存即可。但实际上，企业里大部分的库存是因为需求端的不确定性而产生的。

前面说过，缺货的成本非常大，如果我们最终无法及时交货，客户可能会放弃订单，转而选择其他供应商。所以，为了最大限度地降低缺货风险，为了让自己的客户和产品的供货更加安全，销售人员会偏向于多报销售预测，让生产部门多备自己所需要产品的库存。这种预测会层层放大传递，这就是"牛鞭效应"，它是指供应链上的一种需求变异放大现象，是信息流从最终客户端向原始供应商端传递时，无法有效地实现信息共享，使得信息扭曲而逐级放大，导致需求信息出现越来越大的波动。此信息扭曲的放大作用在图形上很像一个甩起的牛鞭，因此被形象地称为"牛鞭效应"，如图3-4所示。

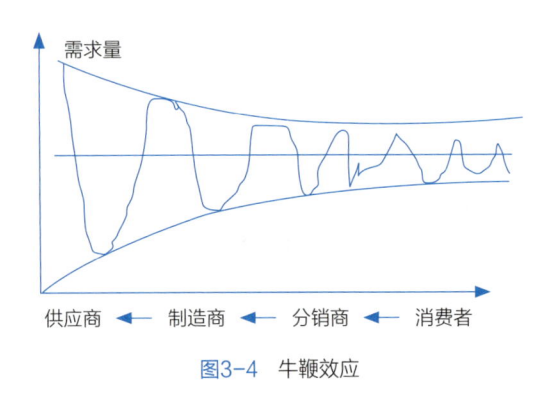

图3-4　牛鞭效应

"牛鞭效应"带来的直接后果就是各环节都多备了库存，导致总库存远远超过实际需要的库存水平。最可怕的是，预测不准带来的库存浪费现象会越来越严重。因为担心缺货，所以多备了库存，由于多备了库存，销售人员就会更少地花精力去收集信息进行销售预测。多备库存看似安全，但它占用了其他产品的生产能力和仓储能力，打乱了生产计划，导致真正需要的产品没有办法及时交货。订单准时交货率降低了，企业就会更加偏向于多备库存，进而陷入恶性循环。

（二）计划与生产排程问题

生产计划是订单执行流程的核心环节，也可以说是生产系统的"心脏"。因为市场需求的信息流通过生产计划加工处理，转化成信息流、工作流，调动各部门分工配合、各司其职，带动资金流和物流，最终实现准时制交货、满足客户，使资金实现快速流动和增值。

在传统的生产模式里，生产计划部门往往沦为"二传手"，只是简单地把订单转给生产车间，还要随时被销售部门、生产车间、质量部门、采购部门牵着鼻子走。生产计划部门本来是生产系统的龙头部门，统筹指挥其他所有部门，结果变成谁都可以干预它、指挥它的弱势部门。生产计划部门越是弱势，就越无法引起公司高层的重视，同时越留不住能力强的员工，结果就会陷入恶性循环，越来越没有存在感。

实际上，生产计划部门是最核心的部门，如图3-5所示。

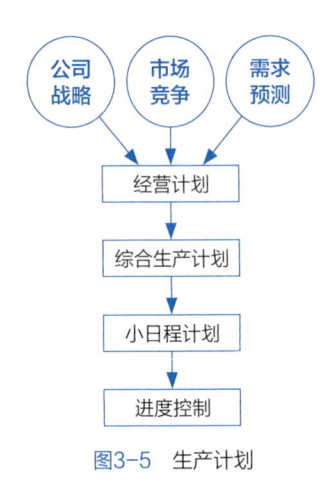

图3-5　生产计划

（三）需求管理问题

在过去大批量生产时代，企业考虑更多的是如何做到产销平衡，把企业的产能尽量释放，必要时进行降价促销。企业的计划模式通常是推动式生产模式，即根据自己的信息和判断，预测需求，制订大生产计划。

但是现在这种推动式生产的方式暴露了越来越多的问题，对推动式生产模式的企业来说，企业的主生产经营安排基于销售，企业的主生产计划安排基于销售预测，根据预测的需求订单和成品库存，安排企业的主生产计划。所以推动式生产模式的企业，成品库存管理的好坏会影响成品数量积压的多少，占用大量的资金，影响企业的现金流。最要命的是，如果市场需求发生了较大变动，成品库存就会变成一堆废品，因为很多产品都是客户定制的，没有市场通用性，无论多便宜都没有人要。

所以，想要控制库存，就要以消费作为起点，拉动整个供应链进行生产，即只生产能销售的产品。在拉动式生产模式下，企业的主生产计划安排是基于销售订单的，对销售订单和需求进行分析、整合、调节后，合理地安排出生产计划，避免形成呆滞库存。

（四）产品设计问题

在VUCA时代，消费特点发生了很大变化，消费者偏好趋向多样化、个性化。从消费需求的结构和趋势来看，消费者呈现出从注重量的满足向追求质的提升、从有形物质产品向更多服务消费、从模仿型排浪式消费逐步转变为个性化和多样化消费等一系列转变。

对于适合当期消费者口味的产品，可以短期内大量销售，但是对于过时产品或者不符合消费者口味的产品，降价也卖不出去。对企业来说，需要从大批量模式转变为小批量、多品种化的模式。而且，产品生命周期大大缩短，产品更新迭代非常快，企业的产品开发、上市推广、采购管理等环节也会有很大变化。

但是无约束的创新又会带来产品型号过多的问题，大大增加了需求预测的复杂度，从而造成积压的库存。所以说，只有消费者愿意买单的"创新"才是"创新"，否则就是浪费。另外，在产品设计过程中，设计人员没有考虑零部件的通用性，导致各型号的产品使用各种不同型号，但实际上功能可以通用的零部件，比如螺栓螺母等通用件，这就给公司造成了不必要的零部件库存压力。

（五）零件、产品质量问题

原材料、零部件、产品质量不稳定，都会造成不得不多备库存的情况。10%的产品不良率，意味着要多备15%～20%的库存才能保证原料供应。同样的道理，成品的质量不良率高，导致销售不得不多下单。生产部门质疑销售部门为什么会预测不准，经常多下单，销售部门就会说生产质量不稳定，只能通过放大需求来保证有足够数量的合格产品交付给客户。

（六）按时交货与物流运输问题

产品做出来后，没有及时发货，就会变成积压的库存。造成这种情况通常有两个方面的原因：一是销售部门跟客户的沟通出了问题，或者是销售部门没有控制好客户风险，如回款不及时，超出信用额度，不能再发货；二是生产部门没有在客户要求的交付时间内把产品做出来，导致客户取消订单。

物流运输也有类似的情况，如不能按时送货导致订单取消。另外，正常的订单产品在运输途中，也还算是公司库存，只有送达客户并做好移交，才算是所有权的转移。

（七）应收账款与应付账款

可能有些人不能理解应收账款和应付账款为什么也算是库存，其实这是从资金占用的角度去理解的。只要还没有收回来的货款，都在占用着公司的资金，这跟库存没发出来是一个道理。应付账款是相反的，供应商把材料发给我们了，但我们还没有付款，相当于占用了供应商的资金。当这种账期成为常态的时候，会进入一个正常的资金流转循环，一旦我们的应付账款管理出了问题的时候，导致应付账款账期低于正常水平，就相当于占用了公司的资金。

系统梳理库存的结构

很多企业都面临着库存高企的局面，大家都感觉到库存太高，但高在哪里，往往又没人能说得清楚。这是因为企业缺少系统梳理库存结构的工具，只看到总数，所以不知道究竟高了多少，高在哪里。

首先，我们需要把库存按照状态分出来：原材料、零件、半成品、成品。对于各种状态的库存，再按型号分开统计，比如零件型号、成品型号。然后再来分析每一型号的零件或者产品的库存结构。还是用前面讲过的实际库存结构全貌（图2-7）来分析。

（一）周转库存

周转库存是保证流动的必要库存，在理想情况下，等周转库存刚好消耗完，新订的货物就会到达，开始新一轮循环。周转库存由订货周期和订货量决定，而订货周期和订货量是按照经济订货量公式计算的，这样就能算出周转库存是多少。

（二）最低安全库存

最低安全库存一般会设置为一个到货周期的消耗量，即万一库存水平达到最低存储量，而新订货物未能及时到货，企业可以马上重新订货，最低安全库存可以支撑重新订货的到货周期。

（三）缓冲安全库存

缓冲安全库存是为应对供应和需求不确定性而设置的，一般需要参考历史数据，去掉极端情况后，计算最大波动幅度，一般取1.5～2倍的理论安全库存数量。也就是说，取1.5～2的安全系数来保证正常波动下的物料供应。

（四）管理不当库存

管理不当造成的不当库存，包括库存信息错误导致的多订货、重复下单、下错单等。对于这类库存，需要逐条分析，找到造成的原因，然后追究相应责任人。查找原因不见得就是要追责，毕竟人都会犯错失误，只要犯错的次数在合理范围内，每条问题库存都能查明原因，并且采取了纠正措施和预防措施即可。所以，对于管理不当库存，重要的是统计清楚，并且做好分析。

（五）呆滞库存

呆滞库存是超出了正常流动周期的库存，也就是超出正常周转时间的库存。对于呆滞库存，也要统计清楚，逐条分析原因，看看是管理不当造成的，还是客户原因造成的。呆滞库存往往都是问题库存，要么是管理不当造成的，要么是有质量瑕疵无法出货，要么是客户管理不到位导致未能正常发货。仓储部门需要定期对呆滞库存进行报警，督促责任部门进行处理，并且针对造成此类问题的原因进行针对性预防。呆滞库存的统计需要先定义好"呆滞"的标准，各类库存标准不一样，然后就可以在仓储系统里设置自动报警。

（六）废料库存

废料库存有两类，一类是正常损耗的物料，如剪切的边角料，另一类是质量问题库存，这类库存无法继续生产或发货。对于损耗库存，只需统计清楚，跟正常损耗率做对比即可。质量问题库存，需要对生产过程做深入的原因分析，找到问题的根源并解决。

四 明确有效地界定库存管理状态

系统梳理库存结构后，就可以判断哪些是必要库存，哪些是浪费库存，为什么会出现浪费库存。但是如何界定库存的管理状态呢？什么样的库存状态才是合理的呢？一般来说，有效的库存管理状态应该是既能满足客户需求，又能做到库存成本最低化，也就是上一章讲的缺货成本与库存成本的总成本最低。但是缺货成本和库存成本实际上是很难量化计算的，有没有更直接有效的库存管理状态界定方法呢？其实我们可以把问题简单化，就是从这两个维度进行分析即可，分别设定一些衡量指标，并且设置目标值。通过观察这些指标，就能衡量库存管理的状态，如图3-6所示。

（一）满足客户需求

前面说过，企业存在的目的是满足客户的需求，实现订单的交付，一切为了客户，一切为了交付。库存是提高客户交付满意度的重要手段，所以判断库存状态是否有效，先要看客户需求满足率，这可以用订单准时交付率作为衡量标准。

必要库存

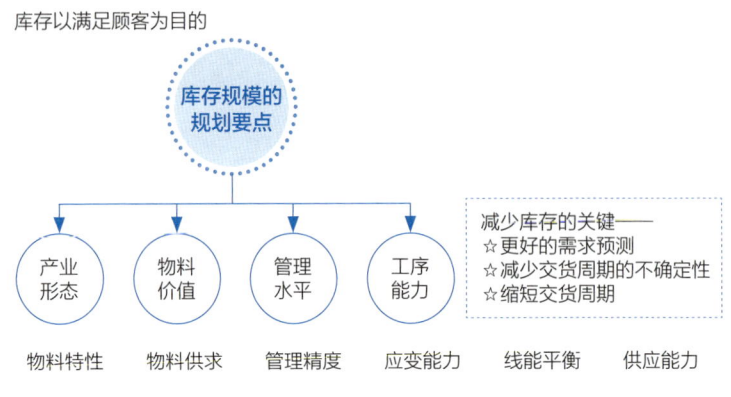

库存以满足顾客为目的

```
                    库存规模的
                    规划要点
        ┌──────┬──────┼──────┬──────┐
       产业    物料    管理    工序        减少库存的关键——
       形态    价值    水平    能力        ☆更好的需求预测
                                          ☆减少交货周期的不确定性
                                          ☆缩短交货周期
      物料特性 物料供求 管理精度 应变能力  线能平衡  供应能力
```

图3-6 必要库存的规划要点

订单准时交付率可以用订单次数来统计，也可以用订单产品数量来统计。其计算方法为：准时交付的订单次数/总订单次数×100%，或者准时交付的订单产品数量/总订单产品数量×100%。

当然，订单准时交付率并不仅是库存决定的，准确的销售预测、合理的生产计划与生产组织、高效的物流配送等都是关键因素。前面也说过，库存是结果，而不是原因，重要的是体系能力。也可以这么理解，库存是销售预测不准、生产计划不合理之后的最后一道防线。它可以反映整个生产系统的问题，过多的库存会揭露管理方面的不足。所以，我们一方面要建立安全库存来满足客户需求，提高订单准时交付率，另一方面，还要穿透库存的面纱，查找其产生的根本原因并且解决，这才是库存治理的有效方法。

一般来说，想要治理库存，先要建立库存。因为只有订单满足率提高了，公司和销售部门才会有心思想降库存的事情。试想，如果公司的订单准时交付率很低，销售人员会同意降库存吗？所以，先要从"低准交、低库存"状况进入"高准交、高库存"状态，给销售人员信心和底气，再来谈降库存的事，就会容易得多。

（二）库存成本最低化

在满足客户需求的前提下，再来研究如何降低库存成本。前面讲过，库存成本包括持有成本和订货成本。其中，持有成本跟我们设置的平均库存水平成正比，主要包括仓储过程中的仓储成本、损失风险成本、资金占有成本和保险费用。而订货成本主要是订单处理成本、运输成本和卸货入库成本，平均订货成本会随着订货批量的增大而变小。讨论库存成本，我们更多的是关注持有成本，如图3-7所示。

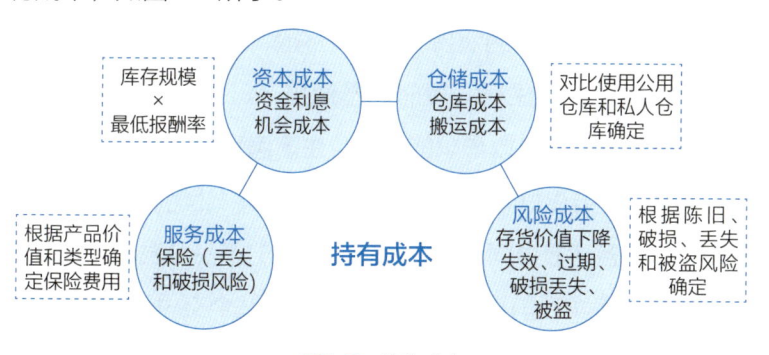

图3-7 持有成本

想要降低库存成本，本质上就要加速物料的流动。物料流动越快，平均库存水平就越低，库存成本就会相应减少。这就要缩短订单交付周期，即缩短从接到订单到货款回收的天数，加快资金流动的速度（图3-8）。资金流动越快，流动资金在一年中的滚动次数就越多，滚动回来的利润金额就越大。

全面强健经营体质，提高免疫力
如何加速现金流？

缩短周期：
- 客户开发周期
- 产品开发周期
- 产品交货周期（服务交付周期）
- 准备周期、采购周期、生产周期、物流周期、回款周期
- 打样周期、验收周期
- 紧急交货周期（紧急交付周期）
- 紧急打样周期、紧急采购周期、紧急生产周期、紧急物流周期、紧急验收周期

加速流动

从精益生产到世界级制造

图3-8 缩短周期，加速流动

怎样才能缩短订单交付周期呢？就是让前置时间趋近于零，即是消除供应链内部的浪费，也就是消除"时间浪费"。要在客户有需求时才开始生产，短时间迅速生产、销售，尽快回收货款。尽量削减库存，以最少的员工，生产满足顾客需求的优质产品。另外，还要做好信息及信息系统的管理，让信息传递能够及时、准确，各环节协同运作。当然，前面的产品开发周期也要缩短，才能最终实现前置时间为零。只有把整个交付流程都理顺，才能实现"高准交、低库存"的理想状态。

另外，需要定期分析库存结构，包括产品结构和库龄结构，还有前面分析的必要库存及浪费库存的结构。及时发现无效的库存，及时处理掉，并且防止再发。呆滞库存需要及时处理掉，减少进一步的减值损失以及仓储成本。很多企业每次都舍不得处理呆滞库存，但是不处理，损失只会越来越大。这些呆滞库存已经是沉没成本了，如果能发出去早就发了，一直放着多半是无法再卖出去的了，何不干脆放弃。

五

现场库存整理整顿及目视化管理

上一章讲过，现场规范管理是库存管理的基础，如果仓库现场物料管理混乱，账实肯定不符。所以，想要管理好库存，做到库存可视化，现场整理整顿及目视化管理是最基本的要求。

（一）现场库存整理整顿

如图3-9所示，现场5S：整理、整顿、清扫、清洁、素养，相信很多企业的员工都能背出来这几个词，这几个词看起来简单，但是真正能做到的企业少之又少。有些企业认为这些东西太虚，只要把效益干出来就行，其他东西都不重要。老板只要看到现金流是健康的，也不去真正关注库存是否合理。有些企业也认同现场管理和库存管理重要，但又会给自己找很多借口，如员工素质低、工厂老旧、生产任务忙等。

举个例子，最简单的"三定管理"（定置、定位、定量）如果没做好，员工需要花很多时间来找物料、找工具，还容易拿错。在这样的生产现场，效率能高吗？质量能好吗？库存数量能

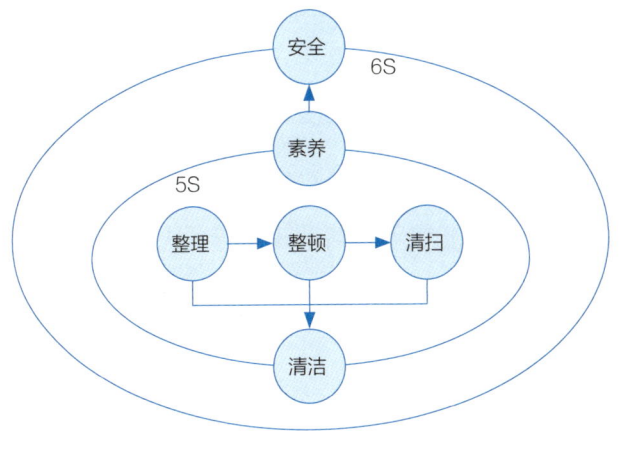

图3-9 现场5S管理

准吗？换句话说，如果企业连这么基础的工作都没做好，还期望它能如何长远发展？

实际上，想要推行5S，也并没有想象中的难，清理不要物品难吗？零件定置定位存放难吗？定期盘点库存难吗？其实都不难，只是很琐碎，需要企业真正重视，让员工养成习惯，并且长期坚持下去。

库存需要合理规划，尽量提高仓储面积的使用率，减少不必要的仓库、货架和设备。同时做到寻货时间、等待时间、避让调整时间最小化，减少取出、安装、盘点、搬运等无附加价值的活动。呆料、废料要及时处理，一个月以上不用的物料放置指定位置。每次物料入库确认好库位，摆放整齐，及时做好账务处理。

（二）目视化管理

目视化管理是通过视觉感应引起意识变化的管理方法，用形象直观、色彩适宜的视觉感知信息来改善管理状况和作业的方法，使相关人员能够用眼睛迅速判断、快速准确作业，如图3-10所示。

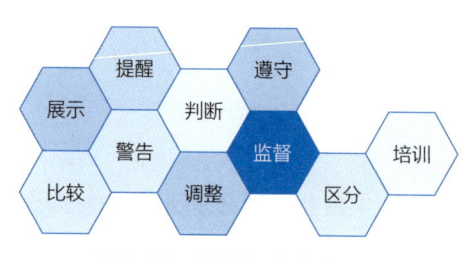

图3-10　目视管理的十大作用

仓库的目视化管理主要是为了让员工快速、准确地找到目标物料，并且高效地进行物料移动。仓库的目视化建设需要从库区库位规划开始，先按照物料分类原则，对仓库进行大区划分，并且在空中悬挂区域标识。大区里再把货道、货架规划好，做好相应的编码，把货道编号、货架编号用大标牌张贴在两端或者悬挂在空中。货架上分层、分格编码，把库位标准醒目地印在相应货格。

另外，仓库里的通道、库区还需要进行规范的地面划线，做好颜色管理，比如不良封存区一般用红色。还有，仓库里的管理目视板、安全标识、操作指示等，需要挂在合适的高度，使员工能够容易看到，高度一般在1.5~2米。

当然，现代仓库管理最重要的是库存可视化，很多先进的仓库都配有电子屏幕，仓管员可以在电脑和现场屏幕中实时看到各种物料的库存状态。库存管理系统还配有报警功能，高于最高存储量或者低于最低存储量都会进行自动报警，提醒仓管人员进行处理。

（三）库存管理的基本原则

库存管理有四个基本原则：先入先出、现场现物、准确真实、及时快速，如图3-11所示。这是对现场仓储管理提出的最基础的工作质量要求。如果不能遵循这四个基本原则，库存可视化就无法实现。

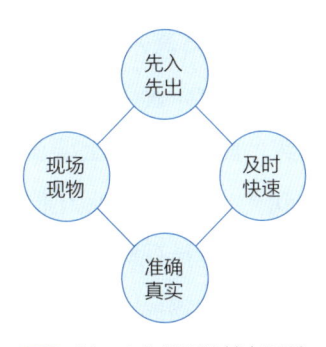

图3-11　库存管理的基本原则

1 先入先出原则

先入先出（FIFO）是企业内库存管理的第一原则，这是防止物料变质、避免批量混乱以及确保质量可追溯性的先决条件。

由于物料保质期的限制和追溯性管理的需要，物料使用时需要按进货批次及先后顺序，遵循先进先出的原则进行。如果材料的使用混乱无序，不但无法进行追溯性管理，而且容易造成不必要的物料损耗。

2 现场现物原则

遵照现场现物的原则，把握物料的"实物、实数、实况"，这是先进先出、准确、及时的保证。现场现物的基本要求是：管理人员深入仓库和生产现场，亲自确认物料，掌握物料的真实状况，包括时间、数量、质量、状态和保管状况等。

3 准确真实原则

准确真实是物料管理的灵魂，只有准确真实地掌握物料状况，才能应对各种可能的变化，确保生产顺利进行。

为了做到准确真实，首先在态度上要重视，行动上要细致，不要凭经验、感觉、印象、记忆等主观因素开展工作，更不能弄虚作假，故意隐瞒。其次要坚持现场现物，不要轻信标识，必要时进行抽查和全数检查，核实物品之后才签字确认。

4 及时快速原则

及时快速是物流管理的关键，是准确真实的先决条件。现场物料大进大出，物料信息随时都在发生变化，只有及时快速地掌握物料信息并与系统联动，才能做到准确真实，否则，准确真实的物料信息随着时间推移可能变成错误信息。

库存管理涉及各个业务流程和工作的环节，提高物料流动的效率，使物料在各部门的责任范围内处于有效管理状态，及时快速是关键。

另外，要做到日事日毕，日清日结，确保物流信息的真实性和准确性。要每日盘点，将库存信息以天为单位进行核查，做到问题早发现、早分析、早解决，提高库存管理的精度。

六
库存管理绩效衡量的常用指标

想要做到库存管理可视化,先要定义清楚库存管理的绩效衡量指标,常用的指标包括:缺货成本、库存总量、库存周转次数和库存周转天数等,如图3-12所示。

缺货成本
紧急订单成本
延迟交货损失
订单损失
机会损失

库存总量
库存金额
滞留库存金额

库存周转次数
年销售额除以库存额(库存额一年被卖的次数)

库存周转天数
从取得存货开始至消耗、销售为止所经历的天数

图3-12 常用库存绩效指标

(一)缺货成本指标

缺货成本可以用紧急订单成本、延迟交货损失、订单损失和机会损失等指标来衡量。其中,紧急订单成本包括加班成本、空

运费用等，延迟交货损失主要是客户赔偿、价格折让等。订单损失是指因为缺货无法及时交付，导致客户取消订单的损失，包括违约赔偿、货款损失等。机会损失是隐性成本，是指因为缺货导致客户对我们失去信心，转向了竞争对手，造成市场份额下降的损失。这种损失在账面上看不出来，但代价往往是最大的。

（二）库存总量指标

库存总量指标就是所有在库库存的总金额或者总量，它是衡量库存规模最直观的指标。库存总量反映了企业有多少资金被占用，可以在一定程度上反映经营效率和经营风险。当然，从另外一个角度来看，库存规模也反映了客户订单满足水平，库存规模越大，有货率就越高，一般来说服务水平就越高。库存总量可以说是企业在服务水平和库存成本之间选择的平衡点。

另外，还要关注滞留库存金额，这是不正常的库存，需要逐条分析。有些企业不考核库存总量，只考核滞留库存金额，如果企业的正常周转周期是一个月，那么一个月以上的库存就是滞留库存。销售部门、生产计划部门需要对滞留库存负责，因质量问题滞留的库存，需要生产部门负责。

（三）库存周转次数

库存周转次数，或者叫库存周转率（ITO，Inventory Turn

Over），计算方法是年销售额除以平均库存额，实际上可以理解为库存额一年被卖的次数，如图3-13所示。库存周转率是衡量材料在工厂或整个供应链中流动快慢的标准，是库存绩效管理中最核心的指标，适用于各个行业。在行业内对比库存周转次数，可以很方便地看出企业的经营效率水平。

ITO 库存周转率

ITO=年度销售产品成本总额÷当年平均库存金额
ITO是衡量材料在工厂或整个供应链中流动快慢的标准

○ 周转率衡量
○ 库存总量分析——金额、数量、天数
○ 库存结构分析——按形态、按目的、按有效性
○ 滞留在库特别分析
○ 寻找改善机会
○ 启动项目式改善

图3-13 库存周转率

（四）库存周转天数

库存周转天数其实跟库存周转次数是相通的，等于365天除以库存周转次数，表示从取得存货开始至消耗、销售为止所经历的天数。原理跟库存周转次数是一样的，只是用周转天数来衡量，可以比较直观地看到企业一个经营循环所需要的周期。方便企业有针对性地分析各环节的周期，寻找改善机会。

（五）零售行业库存指标

零售行业除了以上介绍的指标外，还有一些特有的库存分析

指标，简单介绍一下。首先是库销比，它跟库存周转率有点像，等于某个时间点的库存金额除以当期销售金额，代表每卖出一块钱的货，需要备多少库存。售罄率等于当期售罄的库存除以总进货数，可以衡量有效库存的比例。商品动销率等于当期有发生销售的品类数除以总的品类数，从品类的角度衡量库存的有效性。商品贡献率等于某个品类的销售额占总的销售额的比例，同样的道理，也可以算单个SKU的贡献率，还可以算某个季节占全年销售额的贡献率。这些指标都是从不同的维度来衡量库存的有效性的。

另外，在库存结构合理性方面，还有安全库存、库存可销天数等指标。安全库存可以算品类的安全库存，也可以算单品的安全库存。库存可销天数跟库存周转天数相似，但它是衡量某个时间点的库存水平，可以支撑多长时间的销售，而库存周转天数可以计算某个时期的平均库存水平。

七、库存信息实时统计与信息化建设

库存可视化的前提条件是各环节的库存信息能够实现实时统计，这就需要信息化系统来支持。过去靠手工记录库存信息，是没有办法实时呈现库存信息的。后来，很多企业在仓库建立了WMS仓库管理系统，能够对在库的原材料、成品库存进行实时统计，但对于在制品、供应商库存还是没有办法获取实时、准确的信息。只有贯通全供应链的信息系统，才能实现全过程库存信息实时统计，如图3-14所示。

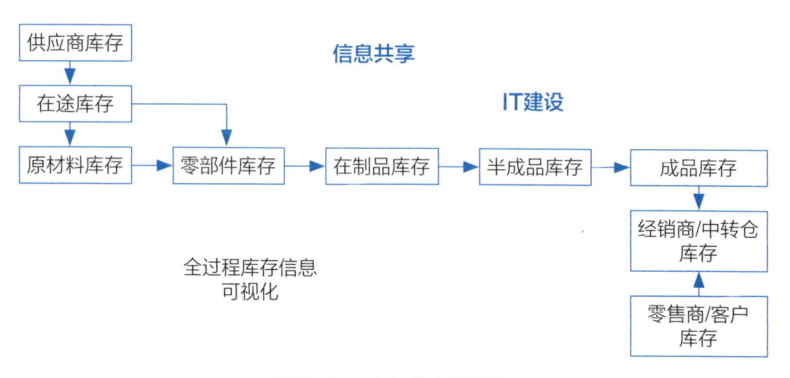

图3-14 库存信息可视化

（一）供应商/在途库存可视化

供应商库存信息的获取方式一般有三种：第一种是企业自建信息系统，要求供应商使用，这种供应商的库存信息就会直接在企业的系统上体现；第二种是接入供应商的库存管理系统，实时获取供应商的库存信息；第三种是要求供应商定时报送库存信息，报送的频度由企业根据需求决定，如每天固定几点发送，或者每周、每月发送。

在途库存主要针对进口零件或者国内长途运输的原材料或者零部件，特别是需要用水路运输的大宗原材料，如钢卷、铝材等。在FOB（Free On Board，船上交货价）贸易条款下，当货物在指定的装运港越过船舷，卖方即完成交货。这意味着买方必须从该点起承担货物丢失或损坏的一切风险，也就是说，在途库存已经是企业的资产了。即使是货到结算，在途库存也会影响企业做生产计划、销售计划和采购计划。所以，企业同样需要关注在途库存信息。

在途库存信息可以用系统进行管理，供应商发货后，就录入库存信息。当货物到达仓库后，进行系统入库，就可以把这部分货物的库存状态由在途转入在库状态。

（二）原材料/零部件库存可视化

原材料和零部件的库存信息一般在仓库系统里能够实时统

计，这是大部分企业都能做得到的。关键在于系统库存的准确性管理，这需要做到货物入出库时及时入账，并且每天滚动盘点在库，及时发现差异并解决。

另外，库存信息需要以恰当的形式发送报表给相关部门，如销售、采购、生产、计划、财务等部门。仓库现场也可以设置管理看板或者电子屏幕，实时显示库存信息。

（三）在制品/半成品库存可视化

在制品和半成品是最难实现实时统计的，因为在生产过程中，很少有企业能够做到对各工序实时系统管理。在实际运营中，如果没有生产过程的信息系统，可以建立虚拟仓库管理，其入库量为仓库出库量，出库量为成品入库时换算成某零部件或半成品。这样也能基本计算出实际的在制品和半成品库存。

当然，最理想的状态还是使用系统，如MES系统，就可以全过程记录在制品和半成品的状态。这样能够更准确、及时地做到对总体库存的监控。

（四）成品库存可视化

成品库存信息跟原材料和零部件库存管理差不多，都是在库管理，很多企业都能够做到，而且会比原材料和零部件库存管理得更好。因为成品库存量比较少，而且由于货值大、离客户距离近，企业也会比较重视。

销售部门需要时刻盯住成品库存信息，随时跟客户做好信息沟通，同时也要根据库存信息来接订单和承诺交期。计划部门和生产部门也要关注成品库存，控制生产节奏，保持成品的合理库存结构。

（五）门店/客户库存可视化

零销门店或者客户的库存信息管理，跟供应商库存信息管理类似，要么自建系统，上下游企业共同使用，要么接入客户的库存信息系统，要么让下游自报库存。把管理的触角延伸到下游门店和客户，会让企业的生产计划和库存管理更加主动。最重要的是，通过掌握前端的库存信息变化来获取需求动向，可以拉动供应链的高效运转。

（六）库存管理信息化案例：某库存管理软件介绍

选择合适的仓库管理软件，可以参考以下几个来源：

（1）标准仓库管理软件可以直接拿来使用，但遇到个性化需求时难以解决，主要还是要看企业自身大小、类型、工作方式来选择软件。

（2）外包开发符合个性化需求的软件，但是这类软件通常很贵，只有规模大且运营情况较复杂的企业才会选择。

（3）自己用软件开发仓库管理软件。常见的软件如Access、Excel，优点是自由度高、便宜，缺点是无法在手机上使用，而且一般要涉及编程知识，需要企业内部有专业的人才。

某自助设计软件的客户专门设计了一个高效的仓库管理模板，下面进行介绍。

1 过去仓库管理存在的问题

每一次仓库进出货，都需员工在仓库内贴的库存卡上记录，等到检查人员月度盘点检查时，却发现货物数对不上库存卡上记录的数量。由于仓库进出货记录、后期盘点检查都在纸张上进行，不仅数据难以保存，后期也不方便分析错误发生的具体原因。

2 实现的效果

每张库存卡贴一张专有的条形码和二维码，进出货时，打开手机对准二维码扫一扫，直接记录进出货数据；后期盘点检查时，检查人员打开手机对准条形码扫一扫，即可录入当日盘点货物的数量，系统将自动比对盘点数量与库存卡记录数量是否相符。此外，仓库所有的进出货数据、盘点情况都将以报表的形式展示给管理人员。

3 实现过程

在设计前，要对整体的应用搭建思路：

为方便库管员扫二维码记录进销存，需搭建"库存卡"表单；为减轻扫码后录入工作量，还需为库位、商品、单据建档。

为方便检查人员扫描条形码记录盘点数，需搭建"库存盘点"表单；为方便检查人员安排工作，搭建"盘点安排"表单。

为方便管理人员分析仓库整体数据情况，要将上述两张表单信息统计为报表。

（1）基础档案设计。

1）"单据类型"设计：用首字母代替对单据的详细描述，方便后期进出库时录入数据。

2）"库位档案"设计：每个库位对应一个编码，方便库管员录入数据时直接选取。

3）"商品档案"设计：每个商品对应一个编码，方便库管员录入数据时直接选取。

（2）"库存卡"表单设计。此表单主要用于代替传统纸质库存卡的记录功能，货物发生变化时，手机扫码录入库存变化即可。其中库存卡卡号、仓库名称等信息都属于基本信息，一次录入即可。通过二维码数据链接功能，每张库存卡都可以对应一个专属的二维码，即"一卡对一码"，并将所有二维码打印出来。

将打印出的二维码一一贴在对应的库存卡上，库管员只要拿起手机对准二维码扫一扫，即可查看该库存卡的基本信息，并新增库存变化信息。

扫码后手机显示相应库存信息，后期每次进入库时，点击"添加记录"按钮，即可更新库存卡资料。

（3）"库存盘点"表单设计。此表单主要用于辅助检查人员进行定期或不定期盘点，检查人员只要拿起手机，对准条形码扫一扫，即可自动查看该库位货物的基本信息，并录入盘点数据。

　　（4）"盘点安排"表单设计。为方便安排工作，专门设计一张盘点表单。

　　（5）报表设计。为方便管理人员统一实时查看仓库信息，将"库存卡""库存盘点"表单中收集到的数据实时汇总到可视化报表中，方便管理人员查看。

　　通过以上几个步骤，就能轻松地将依靠手工记录完成的仓库管理，转向手机扫码的智能化仓库管理模式。

八

库存管理的绩效衡量与可视化

前面介绍了库存绩效指标和库存信息可视化，本节主要介绍如何实现库存管理绩效的可视化，如图3-15所示。

对库存进行可视管理

☆库存总量管理
☆库存分布管理
☆库存目的管理
☆滞留库存管理
☆移动库存管理

可视管理的好处

改善客户服务
错误和退货最小化
加快库存流动
促进资金流动
预见性反应

图3-15　库存管理绩效可视管理

（一）库存总量可视管理

库存总量可视管理主要关注总体规模的状态。当库存总量高于设定的阈值时，系统就会自动报警，提醒管理人员关注。同样，当库存低于设定值时，也会提醒计划人员和采购人员进行补货和催货处理。

（二）库存分布可视管理

库存分布可视管理是指实时、动态地显示供应商库存、在途库存、原材料和零部件库存、在制品和半成品库存、成品库存、零售门店或客户库存。这是按环节进行库存管理，及时发现异常环节，从而采取相应解决措施。

（三）库存结构可视管理

库存结构主要是指商品库存结构，即按规模型号进行管理。前面也讲过库存结构的合理性分析，我们需要提高有效库存的比例，避免或减少无效库存。销售贡献率大的商品可以占较大比例的库存，而贡献率小或者动销率低的商品应尽量减少库存。

（四）滞留库存可视管理

超过正常周转周期的库存需要及时管理，所以先要实现可视管理。我们需要让滞留库存信息自动弹出，让相关责任部门及时关注并处理。一方面需要以降价促销、改用、报废等手段，把滞留库存处理掉，另一方面，更要追查造成滞留的原因，制定预防措施，避免再次以同样原因发生库存滞留。

（五）移动库存可视管理

　　移动库存管理主要指在途库存，既包括从供应商发运过来的原材料、零部件库存，也包括发往客户的成品库存。这部分库存因不在库，且是动态的，较难用信息系统进行实时管理。前面也介绍过，可以用设置虚拟仓库的方式来进行动态统计管理。移动库存存在一定的到货时效风险，因此也需要给予足够的关注。

第四章

库存有效性分析

一

库存可视化的驾驶舱设计

如果把帮助我们看清各环节的库存状态以及各维度的库存管理绩效水平的库存实时可视化看作是仪表盘，那么库存有效性分析手段就是驾驶舱，如图4-1所示。我们需要让数据成为企业运营管理的透视眼，打通全链、瞬时响应、有效备货、削减库存。在这个驾驶舱中，我们需要根据销售预测来做好库存规划，再结合可视化的库存现状来进行系统分析，从而发现问题并且做出应对决策，使库存控制在合理的库存成本范围内，同时达到顾客满意的服务水平。

让数据成为透视眼
打通全链、瞬时响应、有效备货、削减库存

销售预测 —动→ 库存规划
库存管理总目标
在合理的库存成本范围内
达到顾客满意的水平
应对决策

库存可视管理看清楚
☆库存总量管理
☆库存分布管理
☆库存目的管理
☆滞留库存管理
☆移动库存管理

态 管
库存现状 → 系统分析 —理→ 问题发现

图4-1 库存可视化的驾驶舱设计

如何进行现状库存的有效性分析

上一章介绍了库存状态的统计指标、方法，本章主要介绍库存有效性分析的方法，如图4-2所示。

库存
Inventory　　合理而有效的库存规划
　　　　　　原材料　零部件　半成品　成品

一切目前闲置的、用于未来的、有经济价值的资源

蓄水池
避免缺货

批量经济性
降低成本

图4-2　有效库存规划

（一）库存价值分析

库存规划的总目标是在合理的库存成本范围内达到让客户满意的服务水平，即在库存成本和预期缺货成本间取得一个平衡。所以，先要确定目标客户服务水平，如订单准时交付率为95%。

按照正态分布理论，95%的达成率需要能覆盖两个标准差范围内的需求波动，其中，标准差可以通过对历史数据进行统计分析得出。这样就能算出来为了达到订单准时交付率为95%的目标时需要储备多少成品安全库存。同样的道理，以此可以算出原材料和零部件的安全库存。在制品和半成品库存则根据生产节拍和生产周期来计算，从而做到标准化。

各环节的库存标准算出来后，就可以拿实际库存量跟标准对比，如果高了，意味着经营效率变差，经营风险变大，需要分析是哪个环节的库存出现异常。如果库存总量比标准低，则可能会影响客户服务水平，有缺货风险。

另外，在做库存价值分析时，可以使用ABC分析法，对ABC类库存实施差别化的库存策略。对于A类物料，应进行重点控制、重点改善，防止缺货或超储。对于B类物料，应动态调节库存水平，并保持较高的服务水平。对于C类物料，对企业经营影响最小，对其只需进行一般的管理，尽量简化操作。

（二）库存周转情况分析

库存周转率或者库存周转天数也需要先设定目标，可以参考行业标杆水平，再结合企业现状，设定短期内的目标。一般制造业的年库存周转率在10~20次，低于10次的企业，库存量一个月也周转不了一次，可以算是重资产企业了。当然，也有周转较快的行业，整个生产周期只有几天，且是根据订单生产的，不用备库存，这样的企业周转率每年可以达到几十次，甚至是上百次，几乎几天就周转一次。

所以，库存周转率是一个很好的检验运营效率的指标，可以看出企业在生产效率、供应链管理和客户订单结构管理方面的绩效，从而有针对性地寻找改善空间。

（三）库龄分析

在库库存的库龄动态分析是衡量库存管理的重要指标，如图4-3所示。12个月以上的库存基本上是呆滞的无效库存，如果每个月统计出来的呆滞库存在增长，说明企业的库存管理情况在恶化。企业需要分析无效库存产生的原因，是销售预测不准，频繁多下订单，还是生产部门超订单生产。对于责任部门要有问责机制，防止其为了局部利益，牺牲公司整体利益。因为如果对无效库存不加以约束的话，销售部门会偏向于多备库存，这样可以

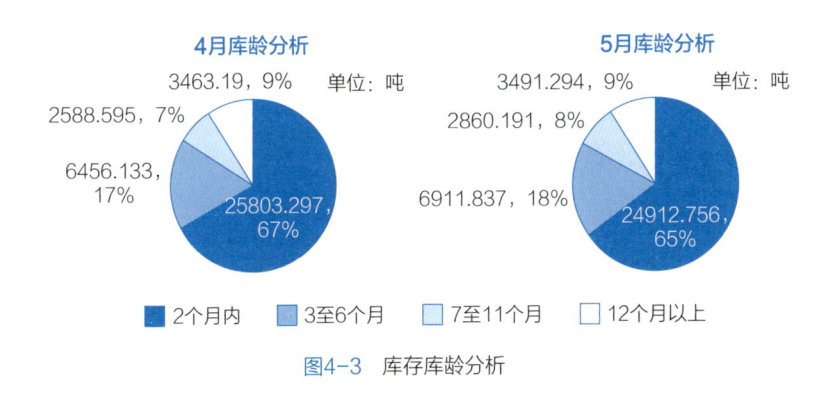

4月库龄分析 单位：吨
- 3463.19，9%
- 2588.595，7%
- 6456.133，17%
- 25803.297，67%

5月库龄分析 单位：吨
- 3491.294，9%
- 2860.191，8%
- 6911.837，18%
- 24912.756，65%

■ 2个月内　■ 3至6个月　■ 7至11个月　□ 12个月以上

图4-3　库存库龄分析

保证订单满足率，生产部门会偏向于多做库存，让生产满负荷运转，降低生产成本，同时提高员工收入。

3个月以下库存或者1个月以下库存（根据企业的正常周转周期而定）是正常的周转库存，它应该跟当月销量成正比，也就是由库存周转率决定。只要计算出来的库存周转率保持稳定，这部分的库存就是正常的，否则就要分析原因。有时候企业为了下个月搞促销活动或者停产检修而提前做库存，这需要提前做好规划。

（四）库存状态分析

库存状态指的是货物的完好状态，包括质量状态、有效期、包装状态等，甚至还包括实物是否还存在。相信很多企业都有过这样的经历：账上看到有可用的库存，但出货时发现实物找不到，或者实物的质量状态已经达不到交货要求。这就要求仓库管理人员定期检查库存的实物状态并如实记录，及时修复或处理有问题的库存。

（五）库存成本分析

上一章讲过，库存成本包括持有成本和订货成本。其中，持有成本主要包括仓储过程中的仓储成本、损失风险成本、资金占有成本和保险费用，订货成本主要是订单处理成本、运输成本和卸货入库成本。

　　库存成本分析需要计算出量化的成本，设定目标值，然后定期对比实际成本与目标成本的差异。仓储成本主要包括仓库的人工、电费、仓库和叉车等设备设施的租金或折旧等，统计每月或每年的总仓储成本，再按库存金额分摊到每单位的库存上。损失风险成本可以通过统计过去一年实际发生的损失金额之和，除以平均库存，算出每单位的损失风险成本。资金占有成本等于库存价值乘以企业的最低报酬率，其中，最低报酬率可以使用企业的预期利润率或者银行借款利息率。保险费用直接根据企业所购买的产品保险费率计算即可。

　　订货成本主要包括负责订单处理的员工工资、运费和装卸费用。如果是自己的车队和装卸工，则按照仓储成本的计算方式分摊即可。

三 全流程价值流分析，盘点在库分布

上一章讲了全流程库存实时统计与可视化，本节重点讲利用价值流分析和仓库盘点等工具，深度分析库存的合理性和账实差异。

（一）价值流分析

价值流是当前产品通过其基本生产过程所要求的全部活动，它包括将原材料转变成客户愿意付钱的成品这个过程当中的所有工序操作：

- 包括没有价值附加的活动
- 使转变成为可能
- 贯穿整个供应链的信息沟通
- 工序网络，物流和信息流的操作以及材料搬运等所需要的资源

分析价值流，有助于分析各环节中库存设置的合理性。另外，通过价值流分析，可以在整个价值流中识别并消除浪费，相应地，库存也会降低。它使用的工具是价值流程图（VSM，Value

Stream Mapping），该流程图是精益生产系统框架下的一种用来描述物流和信息流的形象化工具，它贯穿于生产制造的所有流程、步骤中，直到终端产品离开仓储。同时，价值流程图也是管理人员、工程师、生产人员、流程规划人员、供应商以及顾客发现浪费、寻找浪费根源的起点，是共同的沟通工具，如图4-4所示。

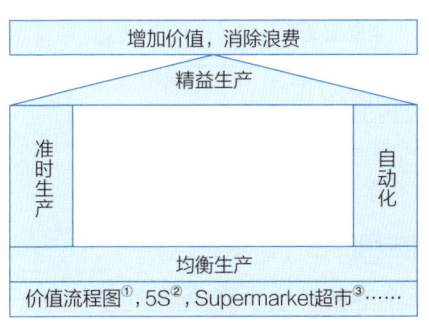

价值流程图——在整个价值流中识别并消除浪费

增加价值，消除浪费

精益生产

准时生产　　　　　　　　自动化

均衡生产

价值流程图[①]，5S[②]，Supermarket超市[③]……

图4-4　价值流程图的作用

实施价值流程图分析，通过使工艺流、物料流、信息流、交付期、增值/非增值时间等可视化，寻找缩短工厂订单交付周期和促进均衡化生产的改善空间，从而帮助企业实现更高的质量、更高的客户满意度、更低的成本和更强的竞争力，如图4-5所示。

价值流程图可运用在任何等级，既可以在最基础的过程等

---

① 价值流程图：进行价值流分析、改善的图示工具。
② 5S，起源于日本，整顿、整理、清扫、清洁、素养这5个词的缩写。
③ Supermarket超市：指预定存放标准库存的地方，以供应下游工序。

级中运用，可以在工厂级别运用，也可以在跨工厂，甚至跨组织中运用。所以，它有助于供应链全流程层面分析库存改善的空间。

VSM的主要功能：

- 缩短交付期
- 均衡化生产
- 可视化：工艺流、物料流、信息流、交付期、增值/非增值时间等

→ 更高的质量，更高的客户满意度，更低的成本，更强的竞争力

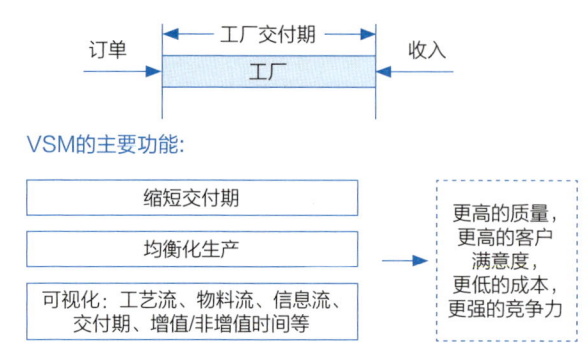

图4-5 价值流程图的主要功能

价值流程图应用的四个步骤：

（1）定义每个主要产品系列/程序的价值流——从订单开始到产品交货。

（2）绘制现状流程图——定义所有不能增加价值的活动（VA/NVA/VE）。

（3）像一个管理团队一样，发展和描绘未来蓝图，并与你的组员沟通你的想法。

（4）展开矩阵及制定目标——目标达成如何测量？制订行动计划并努力朝未来迈进。

其中绘制现状流程图有七个关键步骤：

（1）找研究对象产品。

（2）画出主要流程。

（3）填写重要价值和绩效信息。

（4）画出物流路线，盘点库存。

（5）描绘出信息流，其中包括绘制客户需求信息（产品需求，每批产品数量）；收货与发货信息（收货和发货频率）；从客户开始下单到车间生产计划的信息流程。

（6）计算增值率。

（7）找出问题点，分析问题原因。

通过价值流程图分析，能够更深入地结合流程分析各环节、各工序间的库存，寻找改善空间，消除浪费，降低库存。

（二）库存盘点

库存盘点是指对现有库存数量及其金额进行全部或部分清点，以确实掌握该期间内货品状况，并加以改善，加强管理。盘点流程大致可分为三部分，即盘前准备、盘点过程及盘后工作。

盘前准备包括盘点计划、盘点培训和预盘点。盘点计划是指制订好盘点时间、人员、流程、盘点表单等计划。然后，对将要参与盘点的人员进行操作培训，确保每个人都掌握盘点的流程和操作要求。另外，在盘点前，应对库位进行整理、整顿，清理不要的物品，完善好货架、库位标识。盘点准备工作完成后，先进行一到两轮的预盘点，按照正式盘点要求，对盘点小组人员进行实战培训，选定种类进行预盘点。这样做一方面确保盘点人员真正掌握盘点要领，另一方面，可以及时发现问题，及时整改处理。

在正式盘点前，还要对公司全体员工进行培训，因为全公司的半年、年度盘点工作需要全员参与。有些公司会把彻底的物资清盘、物料清理、现场大清扫结合着大盘点一起做，这样就更需要强调盘点过程中的注意事项。在盘点过程中，需要使用公司统一的盘点卡进行记录、标记，对在库物料、线旁物料、非生产性物料进行全部盘点。盘点小组需要按照分工安排对各区域的盘点结果进行抽盘，发现问题及时复盘。规模较大、物料情况较复杂的企业可以多安排两轮复盘，使问题彻底暴露，及时解决问题，如图4-6所示。

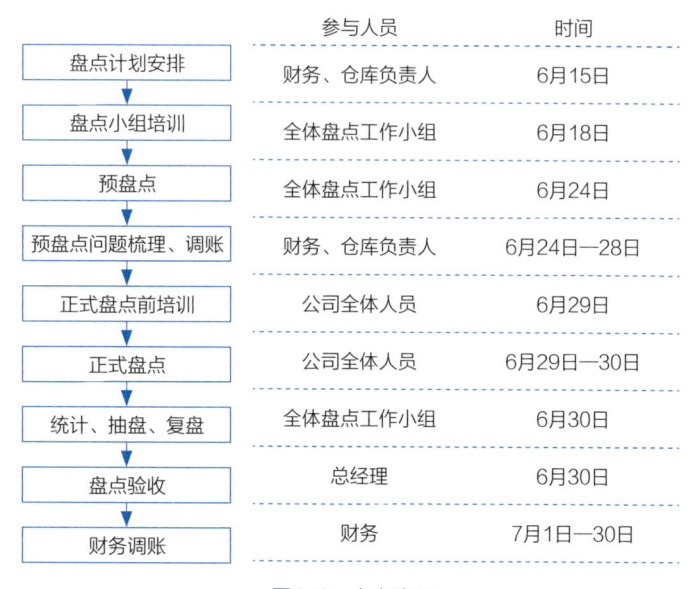

流程	参与人员	时间
盘点计划安排	财务、仓库负责人	6月15日
盘点小组培训	全体盘点工作小组	6月18日
预盘点	全体盘点工作小组	6月24日
预盘点问题梳理、调账	财务、仓库负责人	6月24日—28日
正式盘点前培训	公司全体人员	6月29日
正式盘点	公司全体人员	6月29日—30日
统计、抽盘、复盘	全体盘点工作小组	6月30日
盘点验收	总经理	6月30日
财务调账	财务	7月1日—30日

图4-6 盘点流程

盘点完成后由公司领导和财务相关负责人，对盘点结果进行验收，听取差异分析报告，并给予处理意见。在盘点过程中暴露出来的管理问题，如入账不及时、异常领用未记录、物料编号管理不规范等，需要立项整改。财务部门按照公司处理意见，对盘点差异进行账务处理，使账面库存调平。

库存盘点也有助于分析各环节库存的合理性，发现库存管理过程中的漏洞和短板，及时改善，不断提高库存管理水平。

四
成品库存现状及管理有效性分析

成品库存是直接决定服务水平的关键因素，同时也是影响企业库存成本的最重要的因素。成品库存的规划会拉动原材料、半成品的库存规划，所以，成品库存的管理有效性可以直接影响企业的运营效率。

（一）库存服务水平目标设定

不同库存服务水平政策下的基本库存、安全库存、缓冲库存量的设置将各不相同，服务水平的选择也是企业一项经营策略的选择。

过去的企业习惯于推动式生产模式，即根据自己的信息和判断预测需求，制订大生产计划，库存规划只需考虑季节性变化，起到生产平缓的作用即可。这种模式在供不应求、大批量生产的时代，确实能够帮助企业实现生产效率最大化，但谈不上客户服务。通常生产计划只关注一组类似产品，如产品系列、代表产品或者是标准产品，来进行产量的衡量。这种计划模式的核心关注是产量，而不是细化品类的销量，更不是服务水平，如图4-7所示。

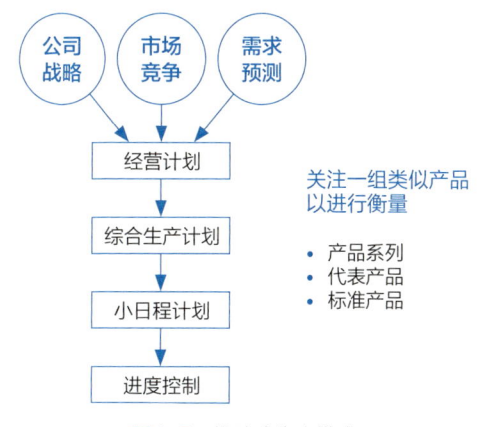

```
  公司战略   市场竞争   需求预测
       ↓      ↓      ↓
       经营计划              关注一组类似产品
         ↓                以进行衡量
       综合生产计划
         ↓                • 产品系列
       小日程计划             • 代表产品
         ↓                • 标准产品
       进度控制
```

图4-7 推动式生产模式

但是,在VUCA时代,这种模式开始行不通了,因为不再是你生产什么,客户就要什么。现如今过时的产品降价也卖不出去,而且消费者越来越偏向于定制个性化的小批量产品。这就要求企业转变生产计划模式,从推动式生产转向拉动式生产(图4-8),

```
 推动式生产    根据自己的信息和判断,预测
              需求,制订大生产计划

 拉动式生产    消费起点:能销售才生产
              生产能销售的产品

 • 有效活用消费者的购买信息、相关企业的内部信息
      →    削减在库·缩短交期
           缩短企业和消费者的时间距离
 • 信息解析:提高服务、产品企划等,创造附加价值
```

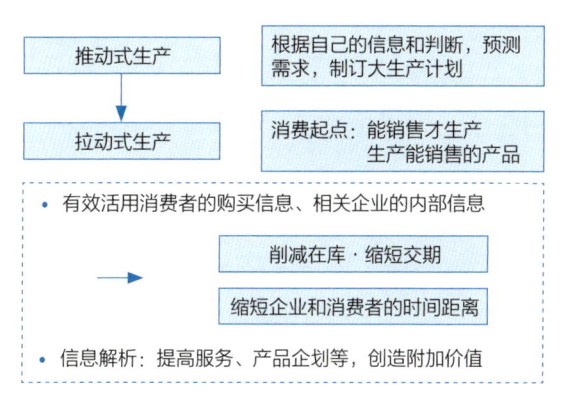

图4-8 从推动式生产到拉动式生产

即客户需要什么，企业再生产什么。拉动式生产的关键在于有效活用消费者的购买信息、相关企业的内部信息，通过削减在库和缩短交期，来尽可能地缩短企业和消费者的时间距离。

推动式生产主要通过集中生产、均衡化生产来提高效率和降低成本，而拉动式生产首先追求的是提高服务水平，注重产品企划和个性化需求的满足，从而创造更多的附加价值。拉动式生产的整条供应链是订单驱动的，即仅在有确定的订单或者明确的预测需求时，才会拉动供应链去响应。订单需求信息先拉动生产计划这个"大脑"进行响应，综合计算后，再发出指令来拉动材料调达和仓储管理，同时拉动车间和供应商进行生产。另外，技术工艺、设备维护、质量保证、人力资源等职能部门也会同步响应，支持订单快速交付，如图4-9所示。

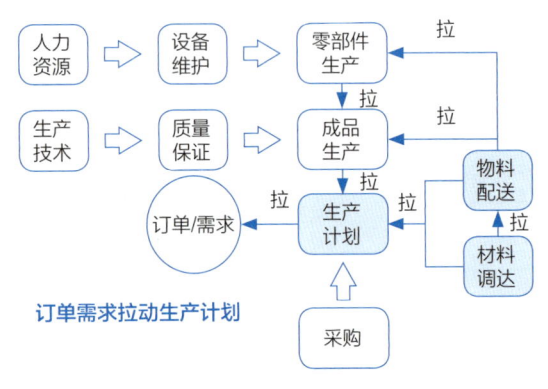

图4-9　拉动式生产计划

需要说明的是，拉动式生产并不代表着不做库存，因为交付周期很多时候会短于生产周期，必要的销售预测和库存规划还是需要的，这样才能达到较高的客户服务水平。同时，企业也要考虑库存成本，合理设定服务水平目标。我们只要做到比竞争对手的服务水平高就行，没必要追求100%的服务水平，因为服务水平从85%提高到90%可能不需要很多代价，但要提高到99%，可能代价会过高，甚至会付出巨大代价。

服务水平是相对于缺货率来计算的，我们可以按单位数、金额、交易额、订货次数等计算缺货率，而服务水平与缺货水平之和为100%。一般企业把服务水平设定在95%即可，超过95%意味着需要付出很高的成本，除非产品单一且工艺非常简单。

（二）订单达成率统计分析

客户服务水平可以用订单达成率来统计和衡量，即按时交付的订单占总订单的比例，这里可以用单位数、金额、交易额、订货次数来计算。每次订单延迟交付或取消订单，需要组织相关部门进行原因分析，判断问题出在哪个环节：采购、计划、制造、物流还是销售？其中制造环节的原因可能有产品工艺、设备故障、员工操作等原因，需要追查真实原因，并督促整改。

如果订单达成率下降，不在生产过程找原因，一味通过增加库存来弥补，企业的管理水平就得不到提高，库存绩效管理也会越来越糟糕。还是那句话：库存是结果，不是原因。想要提高库存绩效，需要对整个运营过程进行原因的分析和改善，如图4-10所示。

```
                    ┌─ 确定企业目标服务水平 ─┐
                    │                        │
                    ├─ 制定订单达成率目标 ── 订单达成率统计分析 ─┐
                    │                                              │
                    ├─ 制定库存周转率目标 ── 库存周转率统计分析 ─┼─ 库存改善计划
                    │                                              │
                    └─ 制定库龄报警机制 ── 呆滞库存监控分析 ───┘
```

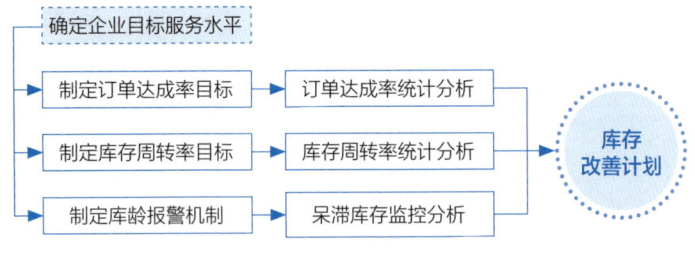

图4-10 成品库存管理有效性分析

（三）呆滞库存监控分析

呆滞库存产生的原因主要有两类，一是销售部门多下单、下错单，二是生产质量问题。对于销售部门的问题，关键是要完善好订单评审机制和库存监控机制。对于质量问题造成的呆滞库存，生产部门应控制生产质量合格率，减少不良产品的产生。质量管理部门负责不合格品判定，及时协调营销、生产部门给出处理意见，且持续促进产品质量合格率，减少不良产品的产生。物流部门需要每日统计并通报库存状态，对库存异常进行预警，每月进行库龄分析，统计并通报呆滞库存信息。计划部门应监控公司库存，制订库存考核目标并实施考核，每周组织库存评审会议，通报当周库存重点问题，组织工作小组达成决议。销售部门定期分析呆滞库存原因，制定处理对策并落实。成品库存管控机制如图4-11所示。

对于呆滞库存，建立库龄分析机制，并且规定各部门相应的动作。物流部门每月通报超过两个月库龄的库存清单，并且预警。

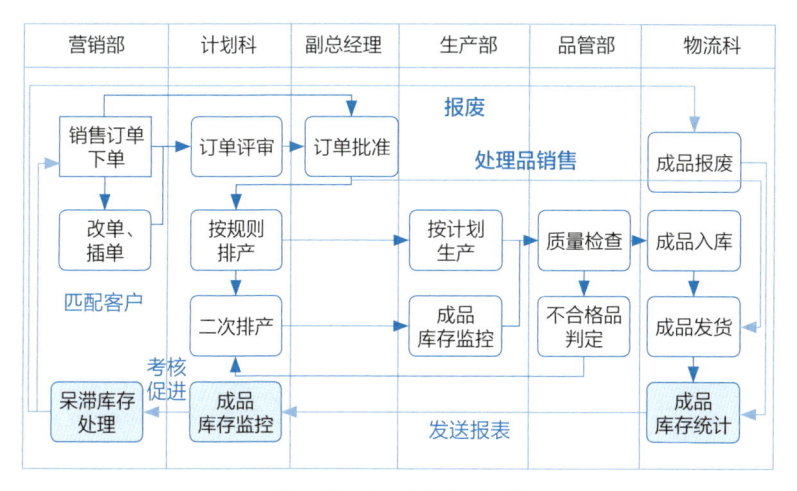

| 营销部 | 计划科 | 副总经理 | 生产部 | 品管部 | 物流科 |

图4-11 成品库存管控机制

营销部门需要说明超期原因，并且给出处理意见。超过半年的库存，物流部门升级报警，营销部门发起问责，要求责任人员限时处理。同时建立主动消化呆滞库存的激励机制，鼓励业务员积极找销路。超过一年的库存，报公司领导批准后，直接报废处理，同时追究相关人员的责任。计划部门则承担监控、通报和考核促进的角色，统筹库存管理工作。呆滞库存处理机制见表4-1。

表4-1 呆滞库存处理机制

库龄	两个月	半年	一年
物流科	预警	升级报警	报废处理
营销部	说明原因，给出处理意见	追责，即时处理 主动处理激励	强制报废
计划科	监控、通报	考核、促进	考核、促进
副总经理	听取原因，意见	问责，处理批准	问责，报废批准

（四）库存有效性分析

成品库存有效性分析主要针对商品结构进行分析，可以用有效库存比来衡量。有效库存是指能给企业带来价值的商品库存，残次商品、过季商品和没有销售的商品不属于有效库存商品。

有效库存比=有效库存金额÷总库存金额×100%

上一章我们讲到零售行业的几个关于库存有效性的指标，如售罄率、商品动销率、商品贡献率等，其实对制造业也有借鉴作用。只看库存总量，往往看不出来问题。采购和生产说我们的库存量已经很大了，但销售说库里的东西根本就卖不出去，能卖的东西我们又没有。这就是库存结构出了问题，无效库存占了过大的比例。所以，要定期分析库存的结构，识别有效库存和无效库存，通过优化库存结构来提高库存绩效。

五

在制品库存现状及管理有效性分析

在制品库存主要由生产流程和生产效率决定，所以在制品库存的有效性分析，实际上也是生产流程分析。通过统计分析各工序间的在制品库存，能够发现很多生产过程的问题，比如流程断点多、生产质量不稳定、设备故障率高等。从这个角度看，想要降低在制品库存，需要不断改善生产过程中的问题，使生产均衡化。

（一）生产周期分析

生产周期越长，在制品就越多，所以需求前置时间控制是在制品库存控制的关键。前置时间（LT，Lead Time）是根据期望获得的时间，考虑采购、生产能力、前工序、运输等环节的时间因素而进行业务安排的时间提前量。一般在没有任何说明的情况下，生产周期是指从客户处接到订单的瞬间开始到调集材料部件、切换、加工组装后送到客户处为止的经过时间。实际上也可以理解为产品的交付周期，它包括准备周期、采购周期、生产周期、物流周期、回款周期等。如图4-12所示。

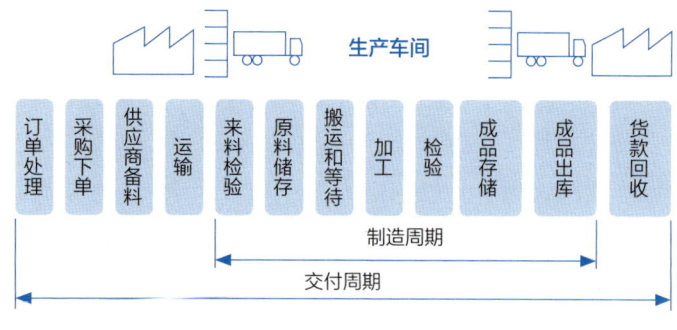

图4-12 产品交付周期

在制品库存主要跟制造周期相关,也可以理解为各工序的通过时间总和。工序通过时间不等于工序加工时间,因为存在待工时间和加工排队时间。这些非加工时间就是在制品存在的原因。反过来说,如果在制品库存不加以管控,超过必需的缓冲量,就会导致产品通过时间加长,造成浪费。

(二)在制品过多的原因

在制品过多的原因包括:线不平衡、工序质量不稳定、设备故障率高、工序独立、流程断点、上下工序间班次差异、无在制品标准管理等。总之,一切导致生产不顺畅的原因,都会造成在制品库存。

线不平衡。如果生产线各工序的节拍一致,可以实现单件流,这样就不需要设置在制品来做缓冲。线平衡率越低,工序间的在制品就越多。比如,上工序一个小时可以做100件产品,下工序一小时只能做50件产品，为了充分利用上工序员工的产能，他需要先按节拍做出一定的在制品，如100个，然后再做其他工序的任务，两个小时后接着做本工序的产品。这样就产生了平均50个的工序间在制品。

<u>工序质量不稳定</u>。工序质量不稳定同样会造成在制品过多，最简单的例子是本工序质量问题频发，为了保证下工序的生产流畅，就要加班做多库存，防止可用的质量合格产品不足以满足下工序生产。另外，有质量缺陷的产品，堆积在生产线旁等待处理，本身也是在制品，而且这种在制品数量还不小，特别是发生批量质量问题时。

<u>设备故障率高</u>。设备故障率跟工序质量不稳定道理一样，也会造成在制品过多，同样是为了防止可用半成品不够，只能提前多做库存。更要命的是，多台设备都容易出故障，就要分别多做库存，造成总在库数居高不下。

<u>工序独立、流程断点</u>。为了应对线不平衡，可能会设置一些独立工序，不按大线的节拍生产，而是成批生产。这就造成了流程断点，同时产生成批的缓冲在制品库存。

<u>上下工序间班次差异</u>。线不平衡还会造成上下工序间的班次差异，当节拍差异大到一定程度，会出现上工序单班次，下工序两班倒的情况。这样就需要备一个班次的库存，作为班次间的缓冲。

<u>无在制品标准管理</u>。由于在制品可以掩盖生产过程中的问题，而且实行计件工资制，会导致部分员工倾向于多做库存。如果没有规范的在制品标准管理，就会出现无约束的多做在制品。

（三）在制品标准化管理

在制品库存有效性分析需要基于在制品标准化管理，即计算好每个工序的标准在制品数量，并且目视出来。前面章节讲过在制品的计算方法，原理就是上工序间的库存，足以支撑下工序在生产时间内都有活干。这就需要分析上下工序间的节拍差异，考虑员工的跨工序、跨班次工作情况，计算出标准在制品数量。

在制品库存的监控不单要看总库存，也要按工位检查和分析。当在制品数量出现异常时，需要分析其背后的产生原因，如本工序员工技能不熟练、质量状态不稳定，导致上工序积压了超过标准的在制品，而上下工序间的在制品低于标准数量，可能会导致停产。通过监控在制品库存，可以提前识别生产风险，从而提前做好应对措施，尽量减少损失。

六

零部件库存现状及管理有效性分析

原材料或者零部件库存的管理相对于成品和在制品库存的管理是最难的，因为它还要考虑供应商的零件供应不确定性。一方面，零部件库存需要满足生产需求，应对供应不确定性；另一方面，不能无限制地多备库存，因为库位有限，且会占用公司资金。管理好零部件库存需要先管理好需求。

（一）独立需求和非独立需求

独立需求是指产成品需求，具有一定的随机因素，而非独立需求是指来自特定产品制造计划的需求，如原材料、零部件、组件等的需求，所以，零部件的需求分析是基于成品需求管理的。先计算好各种成品的需求数量和需求时间，然后通过BOM（物料清单）分解为零部件的需求。对于产品多、零件多的企业，物料需求的计算量是很大的，需要MRP系统的支持。如图4-13所示。

订单
需求管理

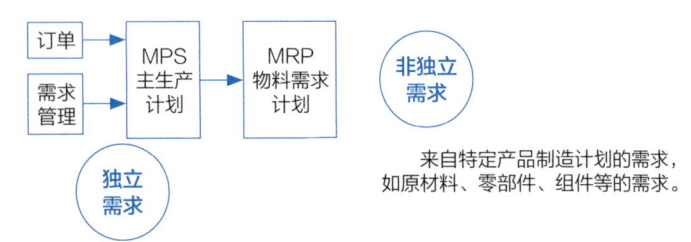

MPS 主生产计划 → MRP 物料需求计划

独立需求：产成品需求，具有一定的随机因素。

非独立需求：来自特定产品制造计划的需求，如原材料、零部件、组件等的需求。

图4-13 独立需求和非独立需求

（二）订单执行中的物料管理

物料库存管理跟一系列的工作相关联，需要从整个订单执行流程的角度来分析零部件库存的有效性，如表4-2所示。前面讲

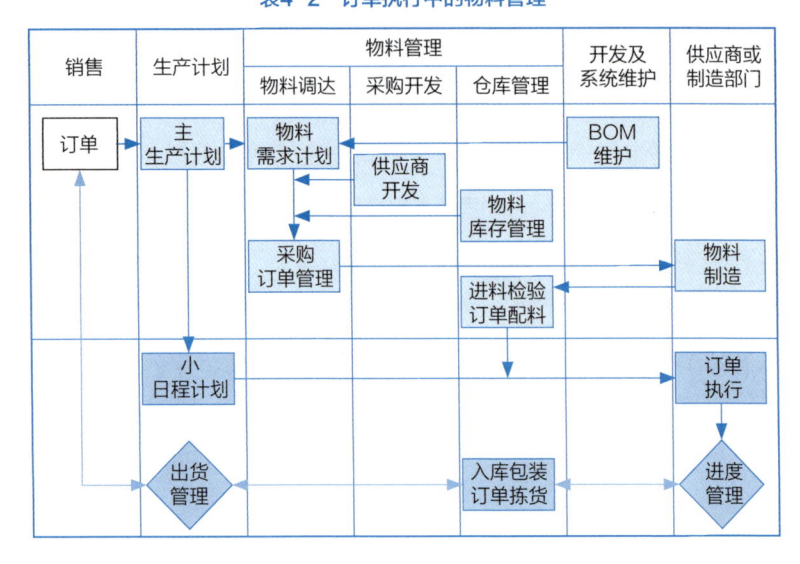

表4-2 订单执行中的物料管理

销售	生产计划	物料管理			开发及系统维护	供应商或制造部门
		物料调达	采购开发	仓库管理		
订单	主生产计划	物料需求计划	供应商开发	物料库存管理	BOM维护	
		采购订单管理		进料检验订单配料		物料制造
	小日程计划			↓		订单执行
	出货管理			入库包装订单拣货		进度管理

的物料需求计划是基于主生产计划计算的，而主生产计划是根据销售订单管理制定的。物料库存管理还要考虑供应商的情况，如供应稳定性、产能、送货周期等，从而有针对性地发出采购订单。另外，物料需求计划和库存规划还需要定期维护好BOM，如果BOM出了问题或者未及时更新，很容易导致物料供应短缺或者造成无用库存呆滞。

（三）物料齐套率统计分析

物料库存需要按照BOM形成配套，即一种产品所需要的零部件需要同时齐备，这就是物料齐套率。通过分析物料齐套率，可以发现零部件库存管理中存在的问题，如BOM维护不及时、采购了错误型号的零件、某个零件漏下订单、供应商供货不及时等。

（四）物料质量不良统计分析

只有质量合格的零件才是可用的零件，如果物料质量不良率高，一方面会造成库存虚高，另一方面又会容易造成供应短缺风险。所以，物料管理部门需要做好来料质量管理，统计好质量不良情况，从而有针对性地解决问题。

（五）物料损耗统计分析

运输过程、仓储过程、生产过程都可能会造成物料损耗，影响库存的有效性。物料管理部门需要做好各环节的物料损耗统计分析，针对反复出现的异常损耗问题，需要联同质量、采购、生产等部门，进行专项整改。

（六）呆滞物料统计分析

前面介绍了成品呆滞库存的统计分析方法，其实零部件的呆滞库存分析方法也是类似的。先要对零件的库龄进行统计分析，超过一定期限的库存需要识别出来，进行原因分析。呆滞库存很多时候是因为技术更改后，原来型号的零件不再使用了，但又没有技术部门的明确指令，只好一直放着。从老板的角度看，东西是完好的，确实也不舍得处理掉，但放着又会占仓库面积。所以呆滞库存的处理需要管理部门做好需求分析和价值分析，然后再报公司处理。

更重要的是，要追究物料呆滞的原因和责任，是采购下错订单、多下订单，还是技术部门在组织技术更改时没有考虑库存的消耗，又或者是销售部门在产品更新换代时未做好库存协调。

(七)物料成本核算与控制

零部件库存分析还有一个重要的工作,就是进行物料成本核算和控制。理论上,每生产一个产品,就会消耗一套零部件,但通过定期的物料投入产出分析及成本核算,总是会发现存在差异。这就需要追查差异产生的原因,是某个环节出现了异常损耗,还是出现了零件被盗的情况。

七

关注库存的变化，掌握可控的变化趋势

库存会随着需求变化、供应变化而发生变化，通过关注库存的变化并分析其变化的原因，有助于掌握需求端和供应端的变化，从而做出相应的控制对策。

（一）库存指标推移管理

库存指标建立后，要做推移管理，时刻与目标值对比，分析差异原因。对于波动情况和变化趋势，也要分析其背后的原因，从而发现有价值的信息。例如，某种商品的库存突然下降，就要关注是否销量大增，并且判断这个销量趋势是否会持续，从而做出相应的加急生产安排。如果库存量上升，则要关注是否出现产品滞销情况，考虑减产甚至停产某种产品。原材料和零部件的库存变化，则要关注供货情况是否出现异常，提前做好应对措施。在制品的库存发生较大波动时，如果不是工艺发生变化，则很可能是生产过程出现了异常，如质量问题、设备故障、员工异常流动等。

指标推移管理有助于将一个复杂的问题分解成多个不同的侧面，从多角度通过数据统计把握问题所在，通过逻辑分析寻求改善对策。如图4-14所示。

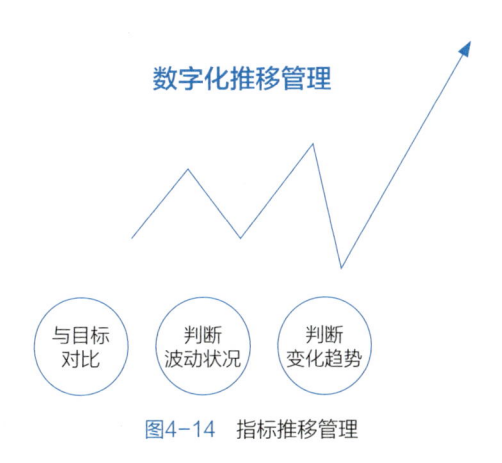

数字化推移管理

与目标对比　判断波动状况　判断变化趋势

图4-14　指标推移管理

（二）库存动态控制

由于需求状况、供应状态在不断发生变化，库存也需要进行动态控制。也就是说，需要根据目前预测的需求计划以及评估的物料到货周期，决定何时进行订货，补充库存。还要根据近期每天的平均需求量来决定应该补充多少库存，同时决定应维持多少库存量。

过去在备货式生产模式中，库存的控制是静态的，即订货频次、每次订货量、安全库存量都是固定的，按照预定的订货策略来补充库存即可。但是今天的市场需求是多变的、多样的、个性化的，只有盯住市场变化，采用需求拉动的生产方式，才能应对如今的需求特点。所以，库存控制也需要动态地进行调整，既满足订单交付，又不浪费成本。

（三）动态生产计划

在敏捷供应中，生产计划最关注的是快速交付，但并不意味着敏捷供应就不考虑均衡性、效率和成本。在满足客户期望交期的前提下，仍然要保持计划的稳定性。对于需求稳定的产品，甚至可以适当规划库存，以保证快速交付能力以及生产的均衡性。但是，库存规划是动态的，需要根据市场需求和顾客订单进行动态调整。本月的计划产量取决于有多少顾客订单，再结合预测性的需求和计划的库存，然后减去期初的库存，就是本月需要生产的量。如图4-15所示。

本月生产计划量 ＝ 现有顾客订单量 ＋ 预测需求量 ＋ 月底计划库存量 － 月初库存量

图4-15 主计划模型

虽然说敏捷供应柔性很高，但计划变更具有破坏性，会产生不必要的损失。我们要做的是不断缩短计划冻结区，而不是不要冻结区，从而取得柔性和稳定性之间的平衡。我们需要在排产系统里设定好时间围栏，也就是冻结区、例外改变区、完美区和宽松开放区的时间。如图4-16所示。

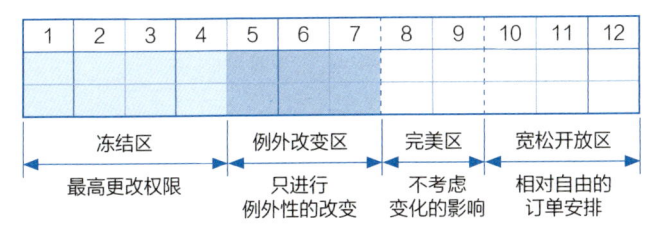

图4-16 时间围栏

在冻结区里的日期，一般是不能再改了，因为变更的成本很高，除非有极特殊的情况，但这需要企业最高更改权限。例外改变区只进行例外性的改变，也需要一定权限才能更改，这时候的变更会有一定成本，因为物料已经备好，其他生产准备也可能已经开始，改变生产顺序会带来额外成本。完美区和宽松开放区可以相对自由地安排订单，一般不需要考虑变化的影响。

这个设置输入系统后，系统就会按照这个逻辑来排产，当需要变更时，会提醒需要相应权限来审批。排好主计划并经过人工确认后，就会进行小日程计划的编制（图4-17），把各车间、各产品型号的周计划、日计划排出来。它需要考虑库存数据、生产能力和前置时间等因素，系统会进行自动运算，排出最优顺序。

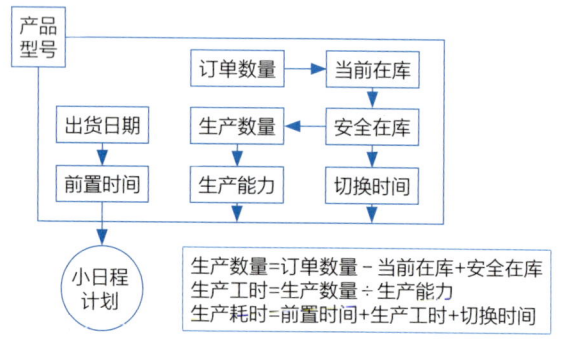

```
产品
型号 ──┬── 订单数量 ── 当前在库
       ├── 出货日期 ── 生产数量 ── 安全在库
       ├── 前置时间 ── 生产能力 ── 切换时间
       └── 小日程计划
```

生产数量=订单数量－当前在库+安全在库
生产工时=生产数量÷生产能力
生产耗时=前置时间+生产工时+切换时间

图4-17 小日程计划编制

（四）物料需求计划

前面讲到，物料需求计划需要依靠MRP来实现。企业IT系统是从MRP发展而来的，如今MRP模块依然是系统的核心逻辑。它从预定日期开始，把产品需求转换成对组件和零部件的需求，用于确定生产提前期、作业计划和订货安排，以确保出货并控制库存规模。它是针对非独立需求的订货及时间安排，即来自特定产品制造计划的需求，如原材料、零部件、组件等的需求。独立需求是指产成品需求，具有一定的随机因素，需要用CRM系统来管理。如图4-18所示。

MRP最主要的作用就是计算物料净需求，即根据主计划生成的、必须予以实际满足的需求，公式如下：

物料净需求=总需求＋安全库存－在途订货－期末库存+非正常消耗

总需求：不考虑库存持有量，由主计划确定的某一时期的物

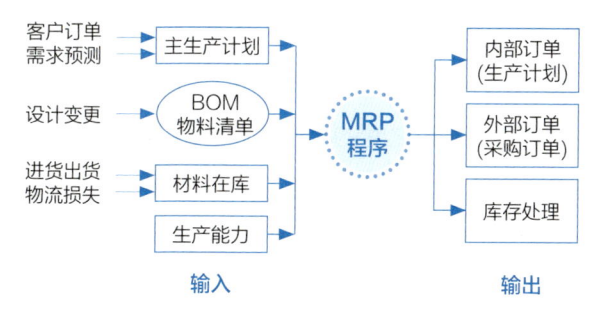

图4-18　MRP在生产运作中的位置

料需求。

在途订货：根据已发出订单在路途上的物料数量。

预期库存：期末库存+在途订货。

（五）七种库存物料采购方法

物料需求计算出来后，需要按照一定的规则进行物料采购，一般的物料采购方法有如下七种：定量订购法、订单需求法、复仓法、定期订购法、安全库存法、MPR规划法和看板法，如图4-19所示。其中，前两种是最常用的方法。

| 定量订购法 | 订单需求法 | 复仓法 | 定期订购法 | 安全库存法 | MRP规划法 | 看板法 |

最常用的两种订货方法
（1）指定数量的倍数（经济订货批量）。
（2）按净需求数量。

图4-19　七种库存物料采购方法

定量订购法：适用于将经济批量因素作为采购关键条件的物料，即如果一次订得太少，订货成本会过高，如果订得太多，仓储成本又会过高，两者之间的平衡点就是经济批量。它需要比较严格地依照订单批量或生产批量而采购，以减少呆滞库存，使库存总成本最低。如图4-20所示。

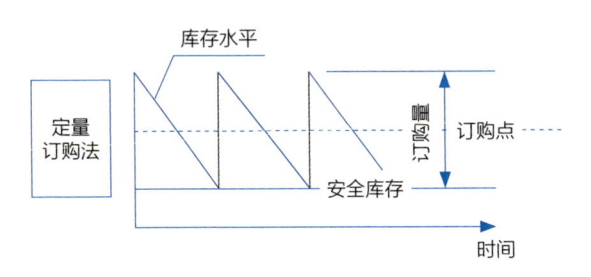

图4-20　定量订购法

订单需求法：是完全根据BOM毛需求计算，每批独立确定订货量的订货方法。它适用于高单价物料，即前面讲过的A类物料。也适用于纯OEM委托订单生产和流行类等几乎无重复性产品，这些需求不需要建立长期库存储备，完全是拉动式订货和生产。如图4-21所示。

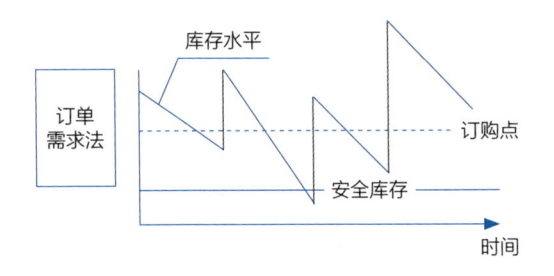

图4-21　订单需求法

复仓法：适用于低价物料（C类）的订购方法，特别是低价标准产品，订购渠道很多，风险很小。这种方法是运用两个箱子来掌控库存与订货作业。简而言之，当第一个箱子里的物料耗尽的时候，就是开始订货的时间点，不会因第一个箱子里的物料耗尽而造成缺货，因尚有第二箱备用，而且第二个箱子里的物料可以维持供给直到第一个箱子的订货量到达，如此两箱的交替使用成为两箱系统。所以，它也适用于不易计量和控制的物料。

定期订购法：适用于生产计划稳定、变化不大的产品，尤其是供货时间短、供应来源稳定的物料。这些物料也就是ABC分类法里的C类物料，平时不用花很多精力去做库存控制，只需定期订货即可。库存水平高一点、低一点，对于企业都没有太大影响。如图4-22所示。

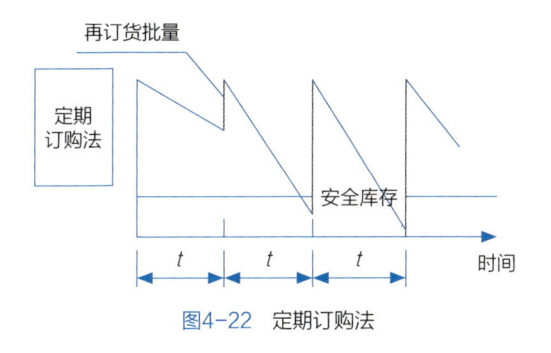

图4-22 定期订购法

安全库存法：是在设定安全库存基准后，当库存量低于安全库存量时进行订购。它适用于生产计划稳定、产品变化不多，或产品变化虽多用料却较一致的物料。这种方法一般用在价值中等的物料上，这些物料具有通用性、易于处理、不易变质的特点。

MRP规划法：是指依赖MRP系统进行自动订货。它适用于与生产计划密切相关，需适料、适量、适时供应的物料，一般用在A类物料和B类物料上。它需要严格遵守库存的有效性，避免产生呆料，且需要时刻关注订单和工艺的变化以及生产计划的变化。

看板法：是指利用看板进行拉动订货的方法，汽车行业普遍用看板法进行订货管理。它适用于供应商配合效率高、准备时间短、质量稳定的物料。原则上每日进料、每日订购，仓库几乎不留库存。看板法的动作方式是由后工序按实际需求向前工序领料，使在制品库存几近为零。它完全依照小日程生产计划进行订购、入库、发货，且批量很小，几乎不做库存计划。

第五章

库存问题发现与零库存突破

基于库存的流动性驾驶决策

库存能够帮助企业提高客户服务质量、降低运营成本以及改善企业资金流,但是,只有流动起来的库存才能起到真正的作用。我们知道库存管理的总目标是:在合理的库存成本范围内,达到顾客满意的服务水平。为了实现这一目标,企业需要做好库存的整体规划和流动管理。

(一)库存管理需要战略,以保持更好的库存流动

企业为了在竞争中取胜,在思考企业经营的同时,需要对库存的形式和活用的方法做出一些计划。为此,必须对库存在企业经营中能够发挥的作用有非常透彻的理解,否则无法想象出比较有效的库存管理和使用方法。那么,如何才能使企业的库存更好地服务于企业的经营呢?

首先,企业存在的目的之一是给客户提供服务,而客户的实际需求有时是即时的,这和企业能够在尽可能短的时间内满足客户的需求的能力之间是有差异的,企业为了能够做到随时响应

客户的需求，就需要库存。所以，为了能够及时地了解客户的需求，并做好应对措施，就需要企业明确如何合理有效地利用库存。

其次，库存对企业来说是成本，它会占用企业的资金，影响企业的现金流，所以，企业要在满足客户需求的基础上，通过合理利用库存来尽可能地降低企业的运营成本。需要注意的是，企业在进行库存成本降低的过程中，要避免仅仅为了降低库存成本而减少库存，它应该在保证企业物流和供应顺畅的前提下开展。

企业接到客户的订单之后，就要如期履行订单，在企业履行订单的整个过程中，企业需要根据实际通过控制库存的流量来确保最佳订单执行效率。从供应链和订单执行的运营系统来看，有效的库存管理是供应管理战略的核心，而低效、错误的库存管理系统和策略将造成运输配送效率差、客户满意度差等影响。

（二）让数据成为透视眼

对于制造企业来说，在满足客户需求的过程中，管理的目标应该实现对内的生产组织和对外的产品供应两个方面的统一。企业既要做到保障对外的产品供应，又要通过控制生产和库存来降低成本。

保障产品供应和降低成本两者之间的关系既是相互补充也是

互相矛盾的。一方面，保障产品的供应、提高客户的服务水平对企业正常运转是有利的，而且，企业如果能够提供更多更好的产品来满足市场需求，将更有利于企业吸引更多的客户，因此企业就能扩大销售量，从而提高企业的收入和利润；另一方面，提高服务水平可能意味着企业需要投入更多的资源，提高企业的运营成本。

所以，企业管理的任务，特别是制造企业的生产管理，就是要通过合理的管理运作在保障产品供应的同时，降低企业的运营成本，也包括库存成本。当然，要达到两个目标的统一不是件很容易的事情，这就需要企业建立科学的库存管理系统，做到比较有效备货管理。那么，如何才能在削减库存的基础上做好有效的备货管理呢？

首先，我们需要看清楚我们的库存，而且做好实时的库存数据，这就需要企业做好库存的可视化管理。通过库存可视化管理，可以看清楚企业库存总量、库存分布管理、滞留库存管理、移动库存管理，也能够帮助企业更好地理解库存目的管理及其作用。

其次，做好库存的动态管理，动态库存管理主要是指从采购入库、生产领料、加工移动、完工入库，一直到销售出库的全过程管理控制。库存动态管理的主要功能是提供各种商品的仓库数据，以更有效地支持企业的运营决策，使企业的运营系统更顺畅、更高效、更好地满足客户的需求。

库存动态管理的重要作用体现在以下几个方面：

1 企业制造的安定化需要库存

对制造企业来说，如果生产物料短缺，就会因物料供应不上而导致生产停顿，造成停工损失。企业为了满足正常生产的需要，就要在工序与工序之间、车间与车间之间规划一些所需的原材料和在制品库存。

2 产品供应的安定化需要库存

为了满足市场或客户订单的需求，企业需要持有必要的产品成品库。要满足在需求发生的时候不缺货。企业如果保证不了及时的订单需求供应，就会导致销售收入损失和利润损失，甚至丢掉客户或市场。

3 降低企业运营低成本，以获取高收益、高利润

企业要做到在客户需要的时候不缺货，通常就要提前做好多库存的备货。但是太早和太多生产，会产生了大量的库存浪费，耗费不必要的企业资源，同时也增加了生产成本，直接造成经济效益的减少。所以，企业需要进行库存的动态管理，以更合理地降低库存，达到有效控制库存量的目的。

（三）打通全链、瞬时响应，建立基于库存的流动性驾驶决策

库存管理的重要作用是能够有效帮助企业做运营管理的决策，协助企业打通供应链，对客户的需求做到瞬时响应，为了更好地建立库存管理，并将其有效地应用于企业流动性管理决策之中，企业可以从以下几方面逐步展开推行（图5-1）。

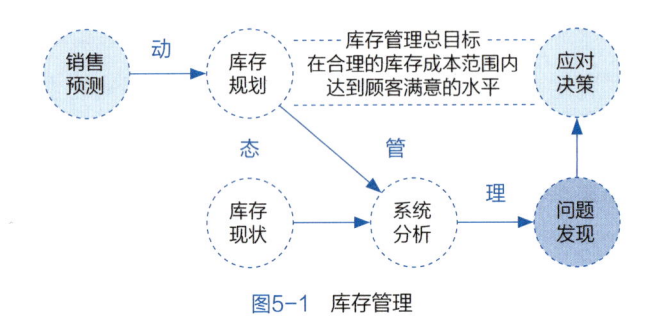

图5-1 库存管理

（1）建立企业销售预测管理体系。完善的企业销售预测管理体系是企业进行库存规划的基础，企业的销售预测管理做得不好的企业，库存规划基本都是盲目的、无序的。

（2）改善企业的库存规划。库存规划的目的是保障企业制造的安定化和产品供应的安定化，同时，也要合理有效地利用企业的资源，为企业获取更高的效益。

（3）看清楚库存现状。看清楚库存现状是更好地进行库存动

态管理的基础，只有将库存现状理清楚了，才能够结合库存规划讨论其合理性和有效性。

（4）系统地进行库存有效性分析。

（5）识别当前库存及管理过程中的问题，找到存在的主要问题。

（6）建立有效的库存管理决策，优化企业的运营系统，提高运营效率，以满足市场和客户的需求。

二

库存现状问题发现与改善课题识别

对于库存过高的企业来说,库存占用了企业的大量资金。更严重的是,有些企业有大量的呆滞库存,这些呆滞库存长期占用仓库空间,企业为了管理它们,耗费了大量的人力、物力及财力,严重影响现金流的管理和企业的有效运作。

(一)库存是"万恶之源"

从某种程度上来看,企业库存管理水平也是企业实力的表现。对企业来说,库存是"万恶"的根源,库存不但造成企业成本增加,更隐藏了许多问题,是企业发展的桎梏。我们可以从以下几个方面来理解库存是"万恶之源"的原因。

1 库存不能给企业创造价值

企业产品如果不能销售出去,就会成为企业的库存,这些库存产品只能堆积在仓库,不能转化为销售收入,不仅不能为企业带来利润,反而成为企业的成本,占用企业的资金。所以,堆积的库存不能为企业创造价值。

2 库存占用和消耗资源

库存占用企业的资金，成为企业的库存成本，随着时间的推移，产品库存将会持续不断地耗用企业的资源，具体表现为：为了管理库存，投入较多的仓储员工，同时，库存的增加也会增加潜在的产品报废风险。

3 库存给企业带来机会成本的损失

如果企业的库存处于较低的水平，那么企业的仓库、资金和人员等资源可以用于其他方面，为企业创造其他收入，创造更好的效益。但是，企业的这些资源被库存占用，使企业错过了其他方面的增收机会。

（二）减少库存，暴露企业管理的现状问题

通过以上原因分析，我们大概能了解出现过多的库存的根源，但是，每家企业实际产生的问题都是不同的，那么，企业如何才能通过库存状况暴露企业管理的现状问题呢？

当一个企业有过多的库存量的时候，会掩盖所有的问题，表面上看企业很正常，实际上公司的本质问题全都被掩藏在水面之下。比如企业经常出现一些次品或者缺货情况，但是因为有大量的库存，可以用仓库或货架上的存货来弥补。对于传统的企业来

说，这个时候管理人员往往因为不想给消费者带来麻烦，而倾向于持有大量库存，却没有深入考虑库存量由谁来负责，所以库存问题会一直存在。

当我们真正有意地去减少库存量的时候，随着库存量的减少，以次品为代表的延期交货、设备故障等问题就显现出来了。不管是出现次品问题，还是设备故障需求变化，需要保持很多库存量才能够应对消费者需求，这样看似没有任何问题，其实这才是大问题。如图5-2所示。

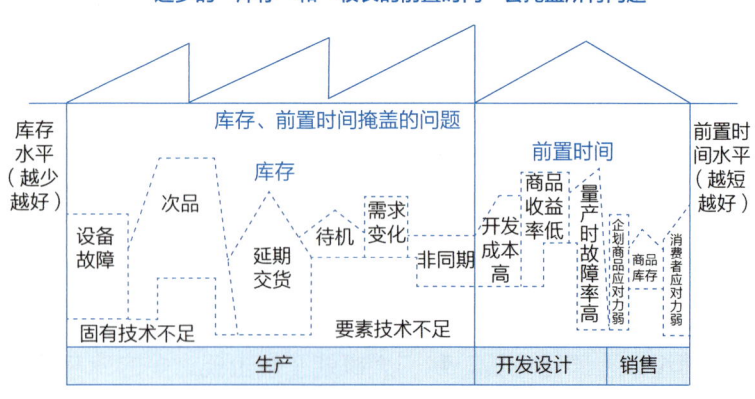

过多的"库存"和"较长的前置时间"会掩盖所有问题

| 库存水平（越少越好） | 库存、前置时间掩盖的问题 | 前置时间 | 前置时间水平（越短越好） |

设备故障	次品	库存	需求变化		商品收益率低	量产时故障率高	消费者应对力弱
		延期交货	待机	非同期	开发成本高	企划商品应对力弱	
						商品库存	
固有技术不足			要素技术不足				
生产					开发设计	销售	

图5-2　库存掩盖的问题

随着库存量的大幅度减少，会暴露出更多的问题，比如外界需求变化的不确定性、因为生产异常造成的待机以及生产不能同期等问题，这些问题必须解决后才能建立减少库存并加以维持的管理体系，这对管理人员来说是一个难题。

随着精益改善的推进和实施，越来越多的企业中高层管理人员都认识到减少库存可以加速企业的现金流，进而增加企业的收益，但大部分管理人员也仅仅认识到这些而已，实际上，大部分企业通过直接控制而减少的库存为20%～30%。在精益改善比较积极的企业，也在积极地尝试通过持续的大幅度降低库存水平，来暴露企业管理过程中的问题，然后通过解决相关问题，逐步建立减少库存并能够持续维持运转的管理机制。

（三）库存削减改善课题识别

库存过多往往会给企业的经营带来很多困扰，也掩盖了很多问题，相信大家对这一点已有充分的认识，但有些企业在关注库存过多的同时却忽视了库存背后的真相，而且，有相当一部分企业在面对大幅度的减低库存之后，对暴露出来的生产运营管理过程中的问题，不知道该通过什么方式才能有效解决，也不太清楚如何建立减少库存并能够持续维持的管理机制。

对企业的运营系统来说，所有管理措施的失控其实都只是现象，其根本原因是没有建立有效的管理和运作体系，那么如何才能够建立比较完善的库存管理和控制机制呢？

对于制造企业，库存削减改善课题建议围绕以下方向开展：

（1）改变企业的"生产方式"。

（2）识别流程的约束点，改善"产能不均"。

（3）识别流程的断点，建立上游工序单日多品种生产的能力。

（4）建立完善企业的销售预测和产能规划管理机制，提前进行生产淡旺季的调整安排。

（5）优化生产计划、物料计划和采购计划之间的协调管理，理顺相关管理流程，改善企业物料及时调达的能力。

（6）强化企业的供应链管理能力，创造敏捷共赢的供应链管理体系。

（7）完善仓储管理，提高仓库数据的准确性和有效性。

（8）规范企业的订单和生产变更管理流程和管控机制。

（9）技术变更处理失控问题。

综合以上改善方向来看，改变长久以来的生产方式应该是最困难的事情，特别是对于离散型和习惯批量生产的企业，这些企业为了提高生产的稳定性，往往采用批量的生产和周转方式，多做出来的产品很容易造成库存的堆积，放在现场和仓库里就会越堆越多，且周转速度较慢。通常情况下，这类企业在应对市场多样化的需求时，表现出的应力对较差，当库存越来越多的时候，很多产品库存就会变成长期库存。

但是，当市场多样化、个性化的需求占主流趋势的时候，这已经是企业不得不面对的紧迫课题，所以，当企业面临的库存压力较大，严重影响企业的生产运作时，库存削减改善课题就要从检讨改变企业的生产方式开始，从全局的角度识别出企业的中长期改善课题，确定改善的主体方向和目标。这个时候需要企业的中高层管理人员做好精益变革的准备和决心。

当然，库存削减改善课题还有其他方向，比如，生产部门随意生产、生产计划安排不合理等问题。企业要想从根本上解决库存积压问题就必须完善管理运作体系并建立责任机制，构建有流程、有标准、有数据、有动作、有确认、有检查、有责任、有改善的循环式管理运作体系。

三
在库削减课题启动与实施

企业通过从根本上解决库存积压问题，逐步建立并完善管理运作体系的过程，这也是企业经营体质逐步强化的过程，这个过程不是一蹴而就的，所以，企业就需要通过持续不断的滚动推进在库削减课题来提高企业的库存管理水平。

（一）提高生产率的同时削减库存

很多企业在推进经济改善的时候发现，无论怎么提高生产率，成本也不会下降，那么怎么才能降低成本呢？

我们经常会遇到这样的情况，一个工厂的某一部分实现了自动化，提高了该部分的生产力，但此时提高生产率，意味着这部分使用的物料一下就用完了，所以就需要准备大量该部分的物料。因此，虽然该工序的生产率提高了，看似能实现廉价制造了，但是，由于后来工序难以跟上，所以库存仍会显著增加。

所以，精益改善应以提高整体最高效率为目的，只有这样，在提高生产力的同时也削减了库存，才能最终实现降低成本的目的。

（二）在库削减课题过程中的效率管理指标

1 库存是去除浪费的重要指标

通过分析我们了解到，生产率提高和库存减少同时改善，才能更有效地降低成本，所以，工厂中为提高效率而去除浪费的指标是"库存"。因此，企业管理员必须关注企业的库存，首先需要观察的库存是成品库存，然后再回到生产线，观察在制品库存和原材料库存。

库存管理的指标一般有缺货成本、库存总量、库存周转次数、库存周转天数，这些指标可以参考前面的内容。

2 减少前置时间可以有效降低库存

前置时间是指从接受订单到出货所间隔的时间，通常以天数或小时计算。前置时间的减少会使生产商和零售商平均库存水平减少，而且前置时间的减少可以使零售商订货模型更加稳定，也会给生产商的生产决策带来很大好处，能保证生产商和零售商的双赢。

前置时间主要包括：

（1）操作时间（包括机器操作时间，装配时间等）。

（2）设置（准备）时间。

（3）等候时间（等待加工的时间）。

（4）延误时间（机器发生问题）。

（5）等待时间（完成操作、等待运往下一操作的时间）。

制造企业经常遇到这样的问题，生产指令下达到公司已经很长时间了，但是现场却没有办法马上安排生产，如果这样的状态一直存在且放任不管的话，公司内部浪费就会不断地增加，前置时间也会延长，这就意味着我们的物料、半成品在现场要停滞很长的时间，造成现场堆积大量的库存，所以，现在库存减少，也意味着产品制造可以无停滞地顺利进行，前置时间也会大大缩短。

3 在库削减课题改善应是企业长期的主题

所谓课题，就是指我们要研究、解决的问题。企业为了实现削减库存的目的，在库削减课题改善应该持续不断地实施推进。

我们知道，精益思想的精髓来源于德国的工匠精神——特别是保时捷，美国的流程——特别是福特，日本的服务意识——特别是丰田，三者相加就是精益精神，精益精神要解决顾客需求的完整的流程，通过物流、信息流实现平效增加，人效提高，时间效率节省，进而实现效能增加，降低企业的运营成本，包括企业的库存成本。

在库削减课题的持续改善不是注重一次就能解决根本问题，而是通过将复杂的做法细化，有计划的日日完结，最终产生明显的效果。

在库削减课题的持续改善同样也不能仅强调个人的能力，而应提倡全员努力，让每个人都参与进来，无论职能、职位，一起努力，勇于尝试，激发每个人的潜能，用创新的方法解决库存问题。

四

挑战零库存：提高产能弹性，降低成品库存

（一）市场需求波动变化是常态

对企业而言，尤其是制造企业，它们在面对客户订单时的痛苦如订单忽大忽小，资源忙闲不均，这都给订单执行过程中的生产组织安排带来很大的挑战。

我们知道，在当今这个时代，市场对个性化、多样化的需求已经是常态；另外，客户对交期的要求越来越短，尽可能短的订单交期也已成为企业竞争力很重要的一个方面。

企业的管理人员可以反思下，我们的企业是否存在如下问题：

（1）企业的订单的波动差异有多大，有没有明显的高峰和低谷变化？

（2）生产随着订单的波动是否均衡，有没有造成机器、作业人员等忙闲不均或超负荷工作？

（3）生产线是否因订单的波动变化，造成整体上或部分工序没有节拍的概念，对生产的安定化影响比较大？

为了应对市场需求的波动变化，企业既需要具备及时满足客

户需要变化的能力，也需要保持生产系统的稳定性，从而实现资源的最大利用。

（二）应对市场需求波动变化的策略

为了平衡这种订单需求波动的差异，企业需要提高在应对订单需求波动时的应对力，其中最重要的就是要求企业具备产能弹性。提高企业的产能弹性，可以采用以下两个策略。

1 跟踪需求策略

跟踪需求策略是企业在保持正常产能能力的基础上，根据市场的订单需求变化，采取不同的生产组织方式，调节生产能力，以满足客户的订单需求。这种策略适用于市场需求淡旺季比较明显且产品需求或储存周期较短的行业，比如快消品行业等。

当市场需求与正常生产能力一致的时候，企业可以按照规划的产能和资源配置，合理安排生产计划，这个时候，企业在生产运营做好正常管理的基础上，控制好整体库存和工序间的库存即可，如果企业长期处于这种情况时，企业生产管理要将提高生产率和降低库存水平作为管理的重点。

如图5-3所示，当市场的需求小于正常生产能力时，企业需要调整产能和资源配置，相应降低生产能力使之与需求相匹配，这个时候，企业的生产运营需做好生产组织的合理安排。

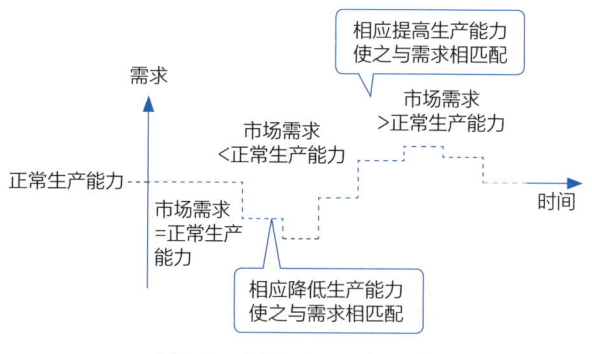

图5-3 市场需求＜正常生产能力

如图5-4所示，当市场的需求大于正常生产能力的时候，企业需要调整产能和资源配置，相应提高生产能力使之与需求相匹配，这个时候，企业需生产尽可能多的产品以满足客户的需求，这种情况下，企业面临生产订单的任务比较重，如何利用现有的资源配置提高生产的安定化、提升生产率、加快库存的周转速度是生产管理的重点。

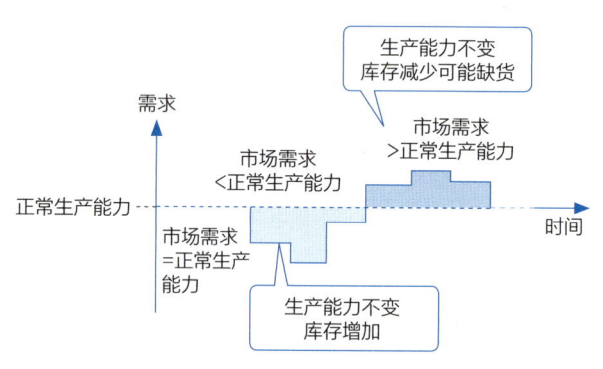

图5-4 市场需求＞正常生产能力

2 水平产量策略

水平产量策略需要企业始终保持正常生产能力，根据市场的订单需求变化，采取不同的库存策略，以满足客户的订单需求。这种策略适用于市场需求波动差异不太明显，或产品需求或储存周期较长的行业，比如传统的家居行业等。

当市场的需求与正常生产能力一致的时候，同跟踪需求策略一样，企业可以按照规划的产能和资源配置合理安排生产计划。

当市场的需求小于正常生产能力时，采取水平产量策略的很多企业，为了保证生产的稳定和降低人工成本，往往会制造出过量的库存。这种情况下，企业如何保证按照正常的生产率进行生产和库存水平的合理控制是生产管理的重点。

当市场的需求大于正常生产能力时，企业的正常产能已无法满足市场需求，这个时候，企业因生产能力不足、库存水平下降可能会出现缺货的情况，企业随时面对缺货损失带来的机会成本损失。这种情况下，企业如何结合实际的库存情况，根据生产需求订单的重要性等因素，进行合理的生产组织安排是生产管理的重点。

（三）产能弹性是企业竞争力的表现

产能弹性的主要作用是实现客户需求和企业供应之间的供需平衡，所以，对企业而言，是否具备产能弹性是企业竞争力的有力表现。

企业是否具备产能弹性的能力，可以从以下两个方面来判断。

1 需求调整的能力

第一，企业能否对供应的产品具备差别定价的能力，具备能够实现差别定价能力的企业，可以通过在不同的市场需求情况下进行差别定价来引导客户订单需求，进而实现需求高峰期与低谷期的调整，平衡订单需求的差异，达到降低企业库存的目的。

第二，开始促销活动，促销活动是为了增加与顾客的沟通，促进购买行动，引导激发客户的需求，进而提高淡季的实际订单量，减轻需求淡季产品库存增加的风险。

第三，延迟交货，制造企业通常都会有紧急订单的需求，紧急订单给企业的生产组织安排带来很大的压力和挑战，特别是在需求旺季的情况下，紧急订单带来的压力会更大。所以，企业往往不得不面临紧急订单成本、销售（利润）损失、客户流失、机会成本等方面的问题。如果企业可以与客户达成延迟交货的协议，就可以有效减少上述问题可能造成的损失。

第四，创造新需求，在需求低谷期创造新需求，可以有限提高企业资源配置的稳定性，使企业在保持较高的生产率的情况下，降低库存水平。当然，创造新需求对企业的整体要求非常高。它是企业竞争力的真正体现，也是客户认可的表现。

2 生产能力调整的能力

第一，动态用工。企业根据订单需求配置实际的用工，按需聘用、解雇工人。动态用工需要企业建立基于需求预测的人员配置管理；另外，企业按需聘用、解雇工人要承担相应的成本，企业需要综合考虑实际操作的难度。

第二，弹性出勤。在季节性需求高峰利用加班提高生产能力，这种方式是制造企业比较常用的产能调节方式。一般情况下，企业在不同的产能阶段都要预备一定的产能余量，以对应订单的旺季需求和紧急订单的插单生产。

第三，改变用工结构。企业可以根据生产高峰需要采用兼职工、季节工、临时工等方式，这种方法在某些订单突然增加的企业比较常用，也可以有效调节生产能力，但是，兼职工、季节工、临时工的作业技能管理是生产管理的重点。

第四，合同转包。利用其他企业获得临时性生产能力，也就是大家平常说的委外加工，可以是部分工序的外包，也可以是产品生产全流程的外包。这种形式在品牌力比较强的企业比较常见，比如大家比较熟悉的富士康、比亚迪等代工企业的出现，就是合同转包的结果。不过合同转包会面临成本高、质量管控难度大等问题。

五

挑战零库存：改善产能平衡，降低在制品库存

了解精益的人应该都知道，均衡化生产是控制的结果，合理的生产计划可以改善产能平衡，同时可以有效地降低企业的库存。精益生产做到极致的丰田通过几十年的努力，实现了均衡化和准时化生产，同时，也将库存控制在了较低的水平。那么如何才能有效地通过改善产能平衡降低在制品库存呢？

（一）根据生产能力制订主生产计划

生产能力需求计划是确定短期生产能力需求的过程，通过事前确认和调整使短期生产计划保持稳定性，避免短期计划变更造成不必要的损失甚至混乱。

由图5-5我们可以看出，企业从接到订单到固定主生产计划，需要经过以下六个步骤：

第一步，先预排主生产计划；

第二步，MRP根据预排的主生产计划模拟物料需求；

第三步，转化为企业的资源需求；

第四步，对生产能力进行判断，如果生产能力是够的，就可以固定预排的主生产计划；如果生产能力不够，就要进入到下一步生产能力提升判断；

第五步，确认生产能力是否可以提升，如果不能，就要修订主生产计划，然后从第二步开始重复以上步骤，直到可以固定主生产计划为止；

第六步，如果生产能力可以提升，企业可以着手改变提升生产能力，以达到完成主生产计划的目的。

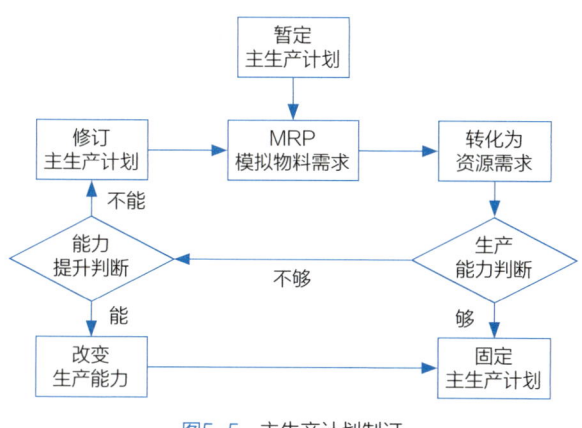

图5-5 主生产计划制订

根据主生产计划制订的过程，我们可以了解到生产能力在制订主生产计划时是一个很重要的影响因素，所以，为了能够更好地制订生产主计划，并改善产能平衡，企业需要准确把握自身的生产能力。

（二）生产能力把控

生产能力是反映一家企业制造系统能力的重要参数，它可以比较准确地反映企业当前的生产规模。

每位企业制造系统的现场管理人员都应该关心生产能力的状况，因为企业的生产能力能否与市场需求相适应，以及如何合理安排以满足市场的需求，是制造系统管理人员的主要工作。

当市场或客户需求旺盛时，现场管理人员需要考虑如何合理安排生产，以能够提高生产能力来满足需求的增长；当需求低于生产能力时，现场管理人员需要考虑如何调整资源配置，缩小规模，尽可能减少资源的闲置损失。如图5-6所示。

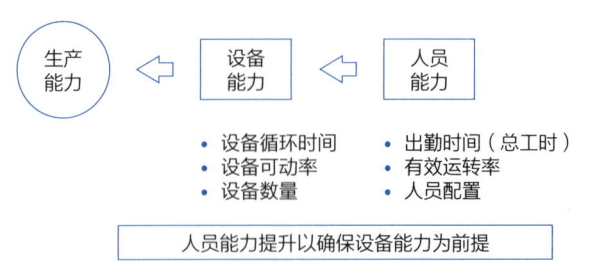

生产能力 ⇐ 设备能力 ⇐ 人员能力

- 设备循环时间
- 设备可动率
- 设备数量

- 出勤时间（总工时）
- 有效运转率
- 人员配置

人员能力提升以确保设备能力为前提

- 缩短设备循环时间（工艺改善）
- 提高设备可动率
- 增加设备数量

- 延长出勤时间（增加工时投入）
- 提高有效运转率
- 增加作业人员

图5-6　制造企业生产能力

我们知道，制造企业的生产能力受很多因素的影响，其中产品工艺、设备能力和人员能力起决定性的作用，而人员能力是确保设备能力提升的前提，所以生产能力的有效把控需要先从人员能力的管理着手。

一般情况下，制造企业的工作人员能力的大小受出勤时间（总工时）、有效运转率（人员的有效时间利用率）和人员配置等几方面的影响，所以，想要提高人员能力可以采取延长出勤时间（增加工时投入）、提高有效运转率，以及增加作业人员配置等措施。

人员能力的管理和利用达到一定程度之后，就可以考虑提升设备的能力，通常，设备循环时间、设备可动率、设备数量等方面在一定程度上决定了企业当前的设备能力。如果企业有提高设备能力的需求，可以先从缩短设备循环时间（这个时候需要进行相应的工艺改善）、提高设备可动率、增加设备数量等方面开始，增加设备数量要慎重，因为增加设备数量就是增加投资。如何在不增加投资的情况下提升设备能力，应该是企业生产能力提高改善的主要方向。

（三）线平衡改善降低在制品库存

一般情况下，企业的生产线既有零件加工线，也有部件和成品的装配线，而生产能力基本上是由装配线的设计能力来决定的，即使在某个阶段，有个别的零件加工能力低于装配生产线的能力，为了保证生产的安定化，也会按照这个原则进行调整和改善优化。

在实际的生产过程中，如果各个工序、车间之间的生产不均衡，往往会产生大量的在制品库存，造成现场等待和搬运等浪费现象。为了降低工序间的在制品库存，需要进行线平衡改善，尤其是生产线的瓶颈工序和工厂的瓶颈车间，以提高生产线或生产系统的整体效率。

我们以某生产线为例（图5-7）来分析如何通过改善生产不平衡来提升整体效率，降低在制品库存。

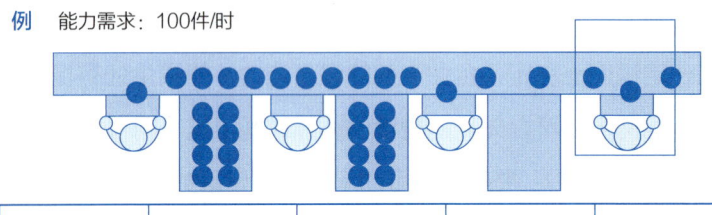

例　能力需求：100件/时

项目	工序1	工序2	工序3	工序4
能力	100件/时	125件/时	80件/时	100件/时
达成率	100%	125%	80%	80%
奖金	标准产量奖金	125%资金	0	0
效率	个别效率合格	个别效率高	个别效率低	个别效率低

图5-7　某生产线

从图示例中我们可以看到，生产线的各工序的生产能力很不均衡，整条生产线的生产能力是工序2最高，为125件/时；工序1和工序4的生产能力为100件/时，工序3的生产能力最低，为80件/时。

虽然这条线的个别工序能力较高，但是整体线的产出能力却不高，这是因为工序3的产出不高，也就是工序3是整体线的瓶颈工序。由于受工序3瓶颈的约束，工序1和工序2因为生产能力比较高，效率比较高，很容易就会导致在制品的堆积，这就形成了生产线上的在制品库存，直接导致产品在生产线上滞留时间较长，产品从投入到产出的时间大于员工总的作业时间（即制造周期时间）。

如果将工序3的生产能力提升改善，将有可能在投入比较少的资源的情况下，提升生产线的整体产出效率，这时，既可以降低工序1和工序2的在制品库存，也可以消除工序3以外的其他工序作业等待的浪费；同时单个产品在此条生产线上的流转周期也会减少，即缩短了产品的交货周期。

从以上示例中，我们可以看到，改善线平衡可以有效降低在制品库存。线平衡改善是利用工业工程（IE）技术，改善内部工序间生产能力和质量水平的不平衡状况，消除瓶颈，从而提升产能或效率，并最终实现减少半成品、在制品库存的目的。

挑战零库存：建设精益供应链，降低零部件库存

精益供应链管理源于精益生产管理，英文为Lean Supply Chains Managment，简称LSCM，它指对企业供应链上的各个环节，包括上游和下游，进行优化改善，消除整个过程中不必要的作业、等待以及消耗等现象，消除供应链上的各种浪费，最大限度地降低运营及管理成本，从而满足客户需求而进行的一系列对供应链计划、实施和控制的过程。

精益供应链管理明确要求上下游协同作业，消除全流程不平衡、不经济和不合理等现象。截至目前，国内的很多企业都在内部实施精益生产，有些企业也取得了比较不错的效益，但建设精益供应链对大部分企业来说，仍然是很大的挑战，它要求上下游企业之间共同合作，所有供应链参与者需要协调一致、共同努力，一起建立精益供应链管理系统。

精益化策略在产品需求比较容易预测、品种少、批量大的企业比较容易实施。而在今天这个以顾客为中心的消费时代，顾客的需求越来越挑剔，企业之间的竞争也越来越激烈，这为精益供应链的实施带来了两大挑战，即：

- 如何协调供应链中的各级企业以做出全局最优的决策？
- 如何面对多变的顾客需求和市场环境？

供应链研究专家蔡颖指出，精益改变了生产方式和供货方式，即使用小批量频繁的运输来减少库存。虽然JIT在某些方面也有它的局限性。但在合适的生产环境下运用得当，JIT可以带来巨大的改善。我们可以通过以下几个方向建设精益供应链，降低零部件库存。

（一）链平衡改善

供应链管理的本质是平衡，是在有限约束下的最优解。所以，链平衡改善应该像关注内部改善一样，关注供应商能力的提升。所以链平衡改善可以采取以下几种方式。

1 指导供应商提升生产效率和质量能力，使之与本企业需求相匹配

制造企业的成功在某些方面受供应商的业绩影响，而且这方面的影响越来越大，具体体现在产品交付能力、产品质量水平以及制造提前期和企业的库存管理水平等方面。

能提供一流服务的供应商，供货质量有保证，物料配送调达准时，这些方面在源头上提高了整个供应链的竞争力。所以，企业可以与主要的供应商发展长期密切的关系，比如在新产品设计的时候就要求供应商及早介入，参与到企业产品设计、打样等工

作过程中，指导供应商提前做好生产组织规划，提升过程的质量控制能力。为了更客观地反映供应商的内部运作情况，提前沟通了解供应商存在的不足之处，并进行有效的互动沟通，促进供应商进行内部改善，以此来提高供应链整体绩效水平。

2 注意建立在供应商销售中的优先地位

企业的采购比例如果在供应商总产值中占比很小，那么供应商在生产排期、售后服务、弹性安排等方面往往不能尽如人意，所以，供应源数量控制原则要求实际供货的供应商数量不要太多，同类物料的供应商数量最好保持在2~3家，有主次供应商之分。这样可以降低管理成本，提高管理效果，保证供应的稳定性。

3 多家购买、重点扶持，与供应商建立战略合作关系

采购管理中的采购半数原则要求企业在采购时购买的数量不要超过供应商产能的50%。试想一下，如果由一家供应商提供100%的供货，企业采购的风险将会有多大，一旦该供应商出现某一方面的问题，按照"蝴蝶效应"的规律，将会影响企业整个供应链的正常运行。而且，如果企业对某个供应商产生依赖性，造成的影响会更大。

所以，对于企业的重点供应商，要采取建立战略合作关系的策略，即与其保持长期的双赢关系。与核心供应商之间建立良好合作关系应当是企业进行供应商管理的核心任务。这样既可以给供应商带来许多收益，也可以促进双方真诚的交流，同时，也能

为合作的双方避免许多潜在的问题。

比如，企业可能会突然要求供应商增加供货数量或是提前交付货物，如果企业和供应商间保持稳定良好的关系，这些问题可以很轻松地解决。有了这种良好的长期采购供应关系，双方沟通的时间会变得更短，问题也会更加简单，两者间如有争议时也会很容易协商解决。

（二）供应商管理库存

随着市场竞争的发展，"零库存"存货管理模式已经成为企业寻求降低成本、提高效益的优选方法之一，被很多企业，尤其大中型企业广泛采用，也取得了显著的成效。

把库存量控制到较低水平，使用尽可能少的人力、物力和财力把库存管理好，同时获取最大的供给保障，已成为很多企业追求的目标。而供应商管理库存的方式是大部分企业采用的将处于周转状态的库存降到最低、实现零库存的方式之一。

供应商管理库存是供应商等上游企业基于其下游客户的生产、销售与库存信息，对下游客户库存进行的管理与控制。通常上游企业要判断客户库存是否需要补充，当需要补充时应自动向本企业物流中心下达发货指令，补充客户的库存。

由供应商管理库存，通常库存的位置在客户处，库存由客户随时提取使用，当使用时计算客户订单。我们通过以下案例说明供应商管控库存的实际运作，如图5-8所示。

案例

1998年年底，A空调厂向B压缩机厂预付货款4000万元，作为订购1999年压缩机的货款。

当时，国内空调处于第二次发展高峰期，虽然全国九大压缩机厂都在扩大产能，但供应能力仍然不足。

A厂通过向B厂预付货款，获得了优先地位和价格折扣，确保了紧缺物料的及时供应和足量供应，既降低了在库数量又避免了缺货成本。

图5-8 供应商管控库存案例

通过这个案例，我们可以看出，供应商管理库存是以实际或预测的消费需求和库存量作为市场需求预测和库存补货的解决方法，即由销售资料得到消费需求信息，供货商可以以更有效的计划、更快速的反应应对市场变化和消费需求。

（三）改变采购方式

1 常规采购与期货的有机结合

对于市场价格变动大的原材料，工厂可以采用常规采购与期货采购有机结合的形式，以保障供应数量，降低采购成本。

期货采购是指采购时供货单位尚没有现成商品，交易成立后，双方约定一定期限，实行商品与货款相互接受的一种买卖活动。这种采购方式购销双方承担的风险比较大。但是，企业将之与常规采购相结合，可以有效地降低企业的库存，减少库存成本。

2 联合采购

联合采购也是一种有效降低采购成本的方法。对于价格波动大、市场不可控因素大的商品，同行之间通过联合采购，可以扩大采购规模，提高谈判筹码，相互调剂，共同抵抗供应风险。

企业可以根据实际情况，选择比较适合的采购方式，通过改变采购方式，降低企业库存，减少库存成本。

3 寄售零库存

寄售零库存方式是把大部分处于周转状态的库存方式转变为零库存的另一种方式。

寄售零库存是把需方厂房或仓库内部分场地以租金或免费的方式租给供方，作为供方的仓库，该仓库里的库存可由需方或供方管理，需方可随意到仓库里取货，领取后将单据交给供方，并定期付款。

寄售零库存，也叫概括订单/系统签约，它具备以下特点：

（1）集中签订合同。

（2）使用类似领料单在当地订货。

（3）供应仓库——供应商把货物直接存放在客户处。

（4）及时领用，月度结算。

概括订单不但可以减少文书工作量，还可以减少缺货，杜绝过时货物，减少库存成本。

对供应商来说，这样做也可以减少文书工作量，稳定销售，密切与客户的联系。

七

挑战零库存：创造连续价值流，降低全流程库存

（一）价值流管理就是要保证流程的连续流动性

精益生产是流程简化技术，其目的就是要加速物品的流转，高效且低成本地制造产品。

连续性流动是精益价值流所关注流程的重点，企业生产实现连续流动之后的好处相信大家都比较了解了，比如，缩短订货提前期，大幅度降低产品存货，及时地发现并解决生产过程中的问题等。

我们都希望企业的生产流程是顺畅的，并能够在正常的生产过程中实现真正的"物流"，而不是"物留"。

因此，在价值流管理中，首先应保证流程的连续流动性。

（二）如何实现企业的全流程且更有效率的流动呢？

我们以制造企业为例，不管是连续型生产企业还是离散型生产企业，从原材料供应到成品入仓，都会存在流程上的断点，这些断点会形成在制品的堆积。

推行精益比较成功的企业，比如最具代表性的丰田，在进行流线化改善时，明确将那些可以连续的生产流程进行流线化管理，然后再将那些不能进行流线化连接的流程断点与超市管理相结合，建立产/成品超市。大家知道超市的货架是怎么进行补货管理的吧？一旦客户或下游工序从货架上将产品挑出来拿走，超市管理人员就供应同样数量的商品来补充，以这样的方式就能保证供应的稳定性，从而实现全流程的流线化管理。

（三）全流程的价值流程是降低库存的有效手段

一般情况下，实现全流程连续性流动的企业，在确定生产需求后，就会从原材料供应到生产产品等环节进行一系列连续精确的价值流动。按照事先确定的生产节拍，各环节都应实现最理想的连续流动，确保上游的作业决不会生产出比下游作业所需要的更多产品，这样，就可以减少在制品库存，并且使这种流动长期地保持下去，在企业内部形成不间断的价值流动系统。

这种不间断的价值流动系统就是我们进行精益改善的目标，也正是通过这种改善，逐步提升企业应对现场问题和市场变化的应对力。

举个例子，假如某个上游工序的生产进度落后了，就会导致下游工序出现闲置等待时间，那么，我们就要想办法预防这类问题的发生，这个过程就是我们进行流程改善和现场异常快速应对力提升的机会。